目錄

目錄

第一章　帽子問題

帽子問題又稱帽子顏色問題，是非常經典又有趣的邏輯題之一。

下面舉例一個典型的問題及答案。

有 3 頂紅帽子和 2 頂白帽子。將其中 3 頂給排成一列縱隊的 3 個人，每人戴上 1 頂，每個人都只能看到自己前面的人的帽子，看不到自己和後面的人的帽子。同時，3 個人也不知道剩下的 2 頂帽子的顏色（但都知道他們 3 個人戴的帽子是從 3 頂紅帽子、2 頂白帽子中取出的）。

這時，有人分別問這 3 個人是否知道自己所戴的帽子的顏色。先問了站在最後面的人，他說不知道。接著又讓中間的人說出自己戴的帽子的顏色，這個人雖然聽到了後面那個人的回答，但仍然說不出自己戴的是什麼顏色的帽子。聽了他們兩人的回答後，最前面的人一下子便答出了自己帽子的顏色。

請問最後回答的人是怎麼知道自己的帽子顏色呢？他的帽子又是什麼顏色的呢？

答案：首先假設從前到後的 3 個人分別為甲、乙、丙。丙看了甲、乙戴的帽子說不知道，說明甲、乙不可能都戴了白帽子，因為只有 2 頂白帽子，如果甲、乙都戴了白帽子，丙一定知道自己戴了紅帽子。同理，乙又說不知道，說明甲戴的不是白帽子，因為乙根據丙的回答和甲戴的帽子，無法判斷出自己戴的是那種帽子，如果甲戴的是白帽子，那麼他肯定知道自己戴的是紅帽子。如此一來，甲戴的肯定是紅帽子，因此，甲經過邏輯推理就知道自己戴的是紅帽子。

類似這種猜帽子顏色的問題還有很多，都是由此擴展出來的。此類問

第一章　帽子問題

題可以很好地鍛鍊我們的邏輯思考能力，尤其是對資訊及時彙集與整理的能力，這在我們的思考過程中是非常重要的。此類問題的解題關鍵在於弄清楚別人是如何想這類問題的，並懂得如果別人回答不知道時能推導出哪些結論等等。

以上問題可以推廣成以下的形式。

「有許多顏色的帽子，每種顏色的都有好幾頂。假設有多個人從前到後站成一排，讓他們每個人戴一頂帽子。每個人都看得見在他前面的所有人所戴的帽子的顏色，卻看不見他自己和後面的任何人戴的帽子的顏色。現在從最後的那個人開始，問他是不是知道自己所戴的帽子的顏色，如果他回答不知道，就繼續問他前面的那個人。一直往前問，那麼就一定有一個人會知道自己所戴帽子的顏色。」

若想使該題目有解答，還要滿足以下這些特定的條件。

(1) 帽子的總數一定要大於人數，否則帽子會不夠戴。當然，數字也要設置得合理，帽子比人數多得太多，或者隊伍裡只有一個人，那他是不可能可以說出自己所戴的帽子的顏色的。

(2) 一共有多少種顏色的帽子，每種顏色有多少頂，共有多少人，這些基本資訊是隊伍中所有人都要事先知道的。

(3) 剩下的沒人戴的帽子都要被藏起來，隊伍裡的人誰也不知道剩下了哪些顏色的帽子。

(4) 他們的視力都很好，能看到前方所有人，也不存在被誰擋住的問題。而且所有人都不是色盲，可以清楚地分辨顏色。

(5) 不能作弊，後面的人不能跟前面的人說悄悄話或打暗號。

(6) 他們每個人都很聰明，邏輯推理能力都是好的。

只要理論上根據邏輯可以推導出結論，他們就一定能夠推理出來。相反的，如果他們推理不出自己頭上帽子的顏色，需要誠實地回答「不知道」，絕不會亂說，或是試圖去猜。

舉一個例子：假設現在有 n 頂黑帽子，n－1 頂白帽子，n 個人（n＞0）。

排好隊伍並戴好帽子之後，問排在隊伍最後面的人頭上的帽子是什麼顏色時，在什麼情況下他會回答「知道」？很顯然，當他前面的所有人（n－1 人）都戴著白帽子的時候，因為 n－1 頂白帽子都用完了，自己就只會是戴著黑帽子。只要前面至少有一個人戴著黑帽子，他就無法知道自己頭上帽子的顏色。

現在假設最後一個人回答「不知道」，那麼我們開始問倒數第二個人。根據最後一個人的回答，倒數第二個人同樣可以推理出如上的結論，即包括自己在內的前面所有人至少有一個人戴著黑帽子。如果他看到前面的人戴的都是白帽子，那麼很顯然，自己戴的必定是黑帽子；如果他看到前面仍然至少有一個人戴著黑帽子，那麼他的回答必定還是「不知道」。

這個推理過程可以一直持續下去。當某一個人（除了最前面的一個）看到前面所有人都戴著白帽子時，他的回答就應該是「知道」；如果到了第二個人依然回答「不知道」，那麼就說明第二個人看到的還是一頂黑帽子，此時最前面的人就可以知道自己戴的帽子的顏色了。

除了隊伍最前面的那一位之外，其餘每個人的推理都是建立在他後面那些人的推理之上的。當一個人斷定某種顏色的帽子一定有在隊伍中出現，而他身後的所有人都回答「不知道」，即這些人都看見了這種顏色的帽子，但他卻看不到這種顏色的帽子時，那麼一定是這個人戴著這種顏色的帽子。這就是帽子顏色問題的關鍵。

縱向擴展訓練營

001. 帽子的顏色

　　有 3 頂紅帽子和 2 頂白帽子放在一起,將其中的 3 頂帽子分別戴在 A、B、C 3 個人頭上,每個人都只能看見其他 2 個人頭上的帽子,但看不見自己頭上戴的帽子,而且也不知道剩餘的 2 頂帽子的顏色。問 A:「你戴的是什麼顏色的帽子?」A 回答:「不知道。」接著,又以同樣的問題問 B,B 想了想之後,也回答:「不知道。」最後問 C,C 回答:「我知道我戴的帽子是什麼顏色了。」當然,C 是在聽了 A、B 兩人的回答之後才做出回答的。請回答 C 戴的是什麼顏色的帽子。

002. 選擇接班人

　　有個商人想找一個接班人替他經商,他要求這個接班人必須十分聰明。最後選出了 A、B 兩個候選人,商人為了試一試他們兩個人中哪一個更聰明,就把他們帶進一間伸手不見五指的黑暗房間裡。商人邊開燈邊說:「這張桌子上有 5 頂帽子,2 頂是紅色的,3 頂是黑色的。現在,我把燈關掉,並把帽子擺的位置弄亂,然後我們 3 個人每人拿 1 頂帽子戴在頭上。當我打開電燈時,請你們盡快說出自己頭上戴的帽子是什麼顏色。誰

先說出來,我就選誰當接班人。」

說完之後,商人就把燈關掉了,然後 3 個人都摸索著拿了一頂帽子戴在頭上; 同時,商人把剩下的 2 頂帽子藏了起來。 等這一切做完之後,商人重新打開電燈。

這時,那兩個人看到商人頭上戴的是 一頂紅色的帽子。

過了一會兒,A 喊道:「我戴的是黑 帽子。」那麼,A 是如何推理的呢?

003. 猜帽子

有 3 頂白帽子和 2 頂紅帽子,有位智者讓 3 個聰明人分別戴上一頂,每 人可以都看到其他兩個人的帽子,但是看不到自己的。當智者讓大家說出自 己戴的是什麼顏色的帽子,過了一會兒沒人說,又過了一會兒還是沒人說, 這時,大家都知道自己戴的是什麼顏色的帽子了。請問這是為什麼?

004. 看帽子猜顏色

有 6 頂帽子,其中 3 頂是黃色的,2 頂是藍色的,1 頂是紅色的。甲、 乙、丙、丁 4 個人站成一隊。甲排在第一位,乙排在第二位,丙排在第三 位,丁排在第四位。然後給 4 個人分別戴上帽子,每個人只能看到他前面 人的帽子的顏色,而看不到自己和後面人的帽子的顏色。

此時,排在最後一位的丁先說話,他說不知道自己帽子的顏色;然後 丙說話,也說不知道自己帽子的顏色;乙也說不知道自己帽子的顏色。最 後甲想了想,說他知道自己帽子的顏色。

請問甲戴的帽子是什麼顏色？

005. 誰被釋放了

一間牢房裡，有 3 個犯人關在其中。因為玻璃很厚，所以 3 個人只能看見彼此，而不能聽到對方說話的聲音。有一天，國王命人在他們每個人頭上都戴了一頂帽子，只讓他們知道帽子的顏色不是白的就是黑的，而不讓他們知道自己所戴的帽子是什麼顏色。在這種情況下，國王宣布了兩條規定：

（1）誰能看到其他兩個犯人戴的都是白帽子，就可以釋放他。

（2）誰知道自己戴的是黑帽子，就釋放他。

其實，他們戴的都是黑帽子，但因為被綁，看不見自己戴的帽子罷了。於是他們 3 個人互相盯著不說話。可是不久，較機靈的 A 用推理的方法，認定自己戴的是黑帽子。

請問他是怎麼推斷的？

006. 紅色的還是白色的

有一群人圍坐在一起，為了便於分析，假設只有 4 個人（這與人數多少無關，皆可同樣地分析）。每個人頭上戴一頂帽子，帽子有紅色和白色兩種，每個人都看不到自己帽子的顏色，但能看到別人帽子的顏色。因此，此時他們不能判定自己頭上的帽子的顏色。

為了方便分析，假設這 4 個人均戴的是紅色帽子。這時，一個局外人來到他們當中，對他們說：「你們其中至少一位戴的是紅色的帽子。」說完之後，他問：「你們知道你們頭上帽子的顏色了嗎？」4 個人都說不知道。這個局外人第二次問：「你們知道你們頭上帽子的顏色嗎？」4 個人又都說不知道。局外人第三次問：「你們知道你們頭上帽子的顏色嗎？」4 個人又說不知道。局外人又問第四次：「你們知道你們頭上帽子的顏色了嗎？」這時 4 個人都說：「知道了！」

你知道這是為什麼嗎？

007. 白色和黑色的紙片

甲、乙、丙、丁、戊 5 個人在玩一個遊戲，他們的額頭分別貼了一張紙片，紙片分黑色和白色兩種。每個人都知道自己頭上紙片的顏色，但是看不到，每個人可以看到別人頭上紙片的顏色。

頭上是白色紙片的人開始說真話，頭上是黑色紙片的人開始說假話。

甲說：「我看到 3 張白色的紙片和 1 張黑色的紙片。」

乙說：「我看到了 4 張黑色的紙片。」

丙說：「我看到了 3 張黑色的紙片和 1 張白色的紙片。」

戊說：「我看到了 4 張白色的紙片。」

你能由此推斷出丁頭上貼的是什麼顏色的紙片嗎？

008.大賽的冠軍

某節目舉辦邏輯能力大賽，到了決賽階段，有三名參賽者的分數並列第一。但冠軍只能有一個，主持人決定加賽一題來打破這個局面。

主持人對三位選手說：「請你們三位閉上眼睛，然後，我會在你們每個人頭上戴 1 頂帽子，帽子的顏色可能是紅色的，也可能是藍色的。

在我叫你們把眼睛睜開之前，誰都不許睜開眼睛。」於是主持人在他們的頭上各戴了一頂紅帽子，然後說：「現在請你們睜開眼睛，假如你看到你們三個人中有人戴的是紅帽子就舉手。」三個人睜開眼睛後幾乎同時舉起了手。主持人接著說：「現在誰第一個推斷出自己所戴帽子的顏色，誰就是冠軍！」過了一分鐘左右，其中一位參賽者喊道：

「我戴的帽子的顏色是紅色的！」

主持人說：「恭喜你，答對了！你就是這次大賽的冠軍！」

請問他是怎麼順利推斷出來自己所戴帽子的顏色的？

009. 聰明的俘虜

在一個集中營裡關了 11 個俘虜，有一天，集中營的負責人說：「現在集中營裡人滿為患，我們想釋放一名俘虜。我會把你們綁在廣場的柱子上，在你們頭上都繫上一條絲巾，如果你們誰能知道自己頭上繫的是什麼顏色的絲巾，我就釋放他；如果你們誰都不知道自己頭上的絲巾是什麼顏色，我就讓你們都在廣場上餓死。」11 個俘虜被蒙上眼睛帶到廣場上，當扯掉蒙在他們眼睛上的黑布時，他們發現：有一個人被綁在正中央，還被蒙著眼；其他 10 個人則圍成一個圈。由於中間那個人的阻擋，每個人只能看到另外 9 個人，而這 9 個人有的人戴的是紅絲巾，有的人戴的是藍絲巾。集中營的負責人說：「我可以告訴你們，一共有 6 個人戴紅絲巾，5 個人戴藍絲巾。」這些人還是大眼瞪小眼，沒有人敢說自己頭上的絲巾是什麼顏色。負責人說：「如果你們還說不出答案，我就讓你們都餓死。」這時，中間那個一直被蒙著眼的人說：「我猜到了。」

請問中間那個被矇住眼的俘虜戴的是什麼顏色的絲巾？他是怎麼猜到的？

橫向擴展訓練營

010. 電梯

第二次世界大戰期間，德國占領了法國巴黎。在一家旅館內，四名客人乘坐同一部電梯。其中有一名身穿軍裝的納粹軍官，一位法國的愛國青年，一位漂亮的女人，還有一位老婦人。突然，電梯發生故障停了下來，燈也熄滅了。電梯裡黑漆漆的什麼都看不見。突然，只聽到一聲類似接吻的聲音，緊接著是一巴掌打在人臉上的聲音。過了一會兒電梯恢復了運作，燈也亮了，只見那名納粹軍官的臉上出現了一塊被打過的痕跡。

老婦人心想：「真是活該，欺負女性就應該有這種報應。」

女人心想：「這個人真奇怪，他沒有吻我，想必吻的是那個老太太或者那個青年。」

而納粹軍官心裡卻在想：「怎麼了？我什麼都沒做，可能是那個青年親了女人，而女人卻錯手打了我。」

只有那名法國青年對電梯裡發生的一切瞭如指掌。你知道到底發生了什麼嗎？

011. 裁員還是減薪

在金融危機中，我們經常聽到的名詞就是「減薪」和「裁員」，那麼企業在面臨困境時，到底是應該選擇裁員還是選擇減薪呢？兩者會對企業產生怎樣的影響呢？

如果你擁有一家公司，你的公司正面臨著資金不足的情形，就快沒有足夠的錢給員工發薪水了，這時，你有兩個選擇：

➲ 每人減薪 15%；

➲ 開除 15%的員工。

你會怎麼做呢？

012. 排隊買麻花

有一年秋天，我去了趟臺中，那是我第一次去。在去之前，朋友告訴我，去臺中一定要去夜市逛逛。到酒店放好行李之後，我馬上就去了夜市。剛到入口，我就看到一條條長龍似的隊伍，我頓時感覺很興奮，不知道是什麼東西這麼吸引人。不過，我遠遠地就聞到了麻花的香味。走近一看，果不其然，有很多人原來都是在排隊買麻花。其中，「今日麻花」店前的隊伍最長，因此我就順勢排到了隊伍後面。在百無聊賴中，我將這個場景拍了下來。

終於輪到我的時候，正好熟麻花賣完了，我只能等下一鍋。不過為了一飽口福，我也只能忍受了。當然，當後來我把麻花送給家人的時候，聽到他們的讚揚，我還是滿高興的。

這次經歷給我的最大感觸是：下次買麻花再也不排隊了，隨便找一家買就好，因為各家的口味都差不多。更讓我傷心的是，在當地長大的一個朋友看了我拍的照片後告訴我，我買的並不是正宗的「今日麻花」，而隔壁那個沒有人排隊的「今日麻花」才是正宗的，當地人都在那家買。

請問那家冒牌的「今日麻花」為什麼會吸引那麼多顧客呢？

013. 意想不到的老虎

有一個死囚將於第二天被處死，但國王給了他一個活下來的機會，國王說：「明天將會有五扇門讓你依次打開，其中一扇門內關著一隻老虎，如果你能在老虎被放出來前猜到老虎被關在哪扇門內，就可以免你一死。」國王接著強調，「但是你要記住，老虎在哪扇門內絕對是你意想不到的。」死囚為了能夠活下來，苦想了很久。他想：如果明天我打開前四扇門後，老虎還沒有出來，那麼老虎一定在第五扇門內。但國王說是我意想不到的，因此老虎一定不在第五扇門內，這樣就只剩下前四扇門。再往前推，如果我打開前三扇門，老虎還沒有出來，那它一定在第四扇門內。同樣因為這是意想不到的，所以老虎也不在第四扇門內，這樣就只可能在前三扇門內。如此再往前推，老虎也不可能在第三扇、第二扇甚至是第一扇門內。也就是說，門內根本就沒有老虎！

看來國王是想饒我一命。想通了這一點，死囚安心地去睡覺了。第二天，當死囚滿懷信心地去一一打開那幾扇他自以為是空的的門時，老虎突然從其中一扇門內（比如第三扇門）跑了出來 —— 國王沒有騙他，這確實是一隻意想不到的老虎。那為什麼會這樣呢？死囚的推理錯了嗎？如果錯了，又是錯在哪一步呢？

014. 竊盜案

一名富翁在美國渡假期間邀請了 10 名機智的故友到他的豪宅去渡假，同時也是想讓他們幫自己看幾天家。這 10 個人分為三類，分別是小偷、平民、警察。小偷只能識別平民的身分，平民只能識別警察的身分，而警察識別不了其他人的身分。他們相互之間不能揭發或暴露身分，只有當警察抓住小偷時才能暴露身分。每個小偷一天偷一次。小偷和平民都可以寫匿名檢舉信。如果小偷對同類施行竊盜，被偷的小偷發現物品被偷不會喊叫；如果被偷的是平民，當他發現物品被偷一定會喊叫；如果被偷的是警察，警察會當場抓住該小偷。他們分別住在二樓上共用一條走廊的 10 間單人房裡，房門號是房客的姓氏，每個房門外右邊的牆上各有一個帶鎖的郵箱。他們每個人都有一把自己郵箱的鑰匙。每天早晨 6：00，報童在 10 個郵箱裡各放一份報紙。

房間分配情況如表 1－1 所示。

表　1－1

孔	張	趙	董	王
李	林	徐	許	陳

第一天早上 9：00，剛起床的 10 個人各自在房裡看完報紙後，中午 11：00 在一樓客廳相互介紹了自己的名字後，便做自己的事情去了。這一天沒有平民的叫喊和警察的槍聲。

第二天與第一天一樣。一位警察仍然早上 9：00 起床，在拿出自己郵箱裡的報紙後回了房間，並一直看著報紙，突然，他聽見 4 個人的喊叫聲。然後，10 個人都集合在走廊上，並都認識了被盜的 4 個人。之後，這位警察回到自己的房裡整理案情：自己住在陳號房，而張號、王號、李號和徐號房被盜。到底還有哪些線索？

第三天，心裡煩躁的警察 6：00 就起床並去拿報紙。他打開郵箱卻發現裡面除了一份當天的報紙外，還有 5 封匿名檢舉信。警察趕緊回到房內把信攤開在桌子上，發現這 5 封信是由 5 個人分別寫的。

- ➲ **第一封信的內容是：**董、許、林、孔。
- ➲ **第二封信的內容是：**林、董、趙、許。
- ➲ **第三封信的內容是：**孔、許、趙、董。
- ➲ **第四封信的內容是：**趙、董、孔、林。
- ➲ **第五封信的內容是：**許、孔、林、趙。

警察思考著，突然，他抓起這 5 封信衝了出去，抓住了正在睡覺的幾個小偷。

但他們並不承認，當警察拿出證據時，他們就分別說出了自己藏在離豪宅不遠的贓物。

如果你就是這位警察，你是如何破解這個謎案的？

015. 抽卡片

有 24 張卡片，上面分別寫著 1 ～ 24 個數字。

有甲、乙兩人，按以下規則選取卡片：輪流選取一張卡片，然後在數字前加一個正負號。

卡片全部抽完後，將卡片上的 24 個數字相加，會得到其和（設為 S）。

甲先開始，他選取卡片和添加符號的目的是使 S 的絕對值盡量小；乙的目的則和他相反，乙想使 S 的絕對值盡量大。

假如兩人足夠聰明，那麼最後得到的 S 的絕對值是多少呢？

016. 撲克牌遊戲推理

甲、乙兩人打撲克牌，最後兩人手中各剩 8 張牌。甲吹牛說，他手裡有一副「順子」：5 張連續的牌，沒有 1 張是斷開的。乙心裡卻很明白他在吹牛。乙必然是根據自己手裡的牌推測出甲在撒謊。請問乙手裡是什麼樣的牌呢？

017. 塗顏色問題

在下面的 6 個矩形長條中分別塗上紅、黃、藍三種顏色，每種顏色限塗兩格，且相鄰兩格必須不同色，則塗色方法共有多少種呢？

斜向擴展訓練營

018. 男孩和女孩

幼稚園裡，老師指導小朋友們一起游泳。男孩子戴的是天藍色游泳帽，女孩子戴的是粉紅色游泳帽。

有趣的是：在每一個男孩子看來，天藍色游泳帽與粉紅色游泳帽一樣多；而在每一個女孩子看來，天藍色游泳帽是粉紅色游泳帽的 2 倍。

請問男孩與女孩各有多少人？

019. 玻璃球遊戲

幾個男孩一起玩玻璃球。每個人要先從盒子裡拿 12 個玻璃球。盒子中綠色的玻璃球比藍色的少，而藍色的玻璃球又比紅色的少，因此，每個人紅色的要拿得最多，綠色的要拿得最少，並且每種顏色的玻璃球都要拿。小明先拿了 12 個玻璃球，其他的男孩子也都照著做。盒子中只有三種顏色的玻璃球，且數量剛好夠大家拿。

幾個男孩子最後看了一下各自拿的玻璃球，發現拿法全都不一樣，而且只有小強有

4 個藍色玻璃球。小明對小剛說：「我的紅色玻璃球比你的多。」

小剛突然說：「咦，我發現我們 3 個人的綠色玻璃球一樣多啊！」

「嗯，是啊！」小華附和說，「咦，我怎麼掉了一個玻璃球！」說著把腳邊的一個綠色玻璃球撿了起來。

這幾個男孩手裡總共有 26 顆紅色的玻璃球。請問這裡有多少個男孩？各種顏色的玻璃球各有多少個？

020. 送金魚

陳先生非常喜歡養金魚，他有 5 個兒子，有一年的過年，5 個兒子回家，分別送給陳先生一缸金魚。巧的是每缸中都有 8 條金魚，而且牠們的顏色分別為黃、粉、白、紅，且 4 種顏色的金魚的總數一樣多。但是這 5 缸金魚看起來卻各有特色，每一缸金魚中不同顏色的金魚數量不都相同，而且每種顏色的金魚至少有一條。

5 個兒子送的金魚如下：

➲ 大兒子送的金魚中，黃色的金魚比其餘 3 種顏色的金魚加起來還多。

➲ 二兒子送的金魚中，粉色的金魚比其餘任何一種顏色的金魚都少。

➲ 三兒子送的金魚中，黃色的金魚和白色的金魚之和與粉色的金魚和紅色的金魚之和相等。

➲ 四兒子送的金魚中，白色的金魚是紅色的金魚的 2 倍。

➲ 小兒子送的金魚中，紅色的金魚和粉色的金魚一樣多。

請問：每個兒子所送的金魚中，4 種顏色的金魚各有幾條？

021. 6種顏色

一個正方體的 6 個面，每個面的顏色各不相同，並且只能是紅、黃、綠、藍、黑、白這 6 種顏色。如果滿足：

(1) 紅色的對面是黑色。

(2) 藍色和白色相鄰。

(3) 黃色和藍色相鄰。

那麼下面結論錯誤的是？

A. 紅色與藍色相鄰

B. 藍色的對面是綠色

C. 黃色與白色相鄰

D. 黑色與綠色相鄰

022. 新車的顏色

聽說娜娜買了一輛新的跑車，她的三個好朋友在一起猜測新車的顏色。

甲說：「一定不會是紅色的。」

乙說：「不是銀色的就是黑色的。」

丙說：「那一定是黑色的。」

以上三句話，至少有一句是對的，至少有一句是錯的。

根據以上提示，你能猜出娜娜買的車是什麼顏色嗎？

023. 彩旗的排列

路邊插著一排彩旗，白色旗子和紫色旗子分別位於兩端。紅色旗子在黑色旗子的旁邊，並且與藍色旗子之間隔了 2 面旗子；黃色旗子在藍色旗子旁邊，並且與紫色旗子的距離比與白色旗子之間的距離更近；銀色旗子在紅色旗子旁邊；綠色旗子與藍色旗子之間隔著 4 面旗子；黑色旗子在綠色旗子旁邊。

（1）銀色旗子和紅色旗子中，哪面旗子離紫色旗子較近？

（2）哪種顏色的旗子與白色旗子之間隔著 2 面旗子？

（3）哪種顏色的旗子在紫色旗子旁邊？

（4）哪種顏色的旗子位於銀色旗子和藍色旗子之間？

024. 鴿巢原理

有一桶綵球，分成黃色、綠色、紅色三種顏色，請你閉上眼睛抓取。

請問：至少抓取多少個就可以確定你手上肯定有至少兩個同一顏色的綵球？

答案

001. 帽子的顏色

假設 1：如果 C 看到 A、B 戴的都是白帽子，那麼就不用想了，他戴的肯定是紅帽子。

但要注意的是，他是聽了 A、B 的答案後才回答的，所以他不可能看到兩個白帽子。假設 1 被排除。

假設 2：如果 C 看到 A 和 B 的帽子是 1 紅 1 白，如果他戴的是白帽子，由於一共只有 2 頂白帽子，A 和 B 肯定有一人能答出正確答案，所以 C 能確定他戴的是紅帽子。

假設 3：如果 C 看到 2 頂紅帽子，那麼他一樣可以確定他戴的不是白帽子，因為如果他戴的是白帽子，那麼 A 回答完「不知道」後，B 就可以答出自己的帽子是紅色的，因為假設中已經提到 A 是紅色的，C 是白色的，排除了其他可能。

所以綜合以上三個假設，可以得出 C 戴的帽子肯定是紅色的。

002. 選擇接班人

既然商人戴了紅帽子，如果自己也戴的是紅帽子，B 就馬上可以猜到自己戴的是黑帽子（因為紅帽子只有 2 頂）；既然 B 沒說，那就是說自己戴的是黑帽子。

B 也是一樣的，但是 B 卻沒說。可見，B 的反應太慢了，結果 A 做了接班人。

003. 猜帽子

學生甲、乙、丙三個人頭上戴的都是白帽子，即甲、乙、丙睜開眼睛時看到另外兩個人頭上戴著的是白帽子，因為有 3 頂白帽子、2 頂紅帽子，他們無法看到自己頭上戴著什麼顏色的帽子。以下我們以甲為中心進行推論。

甲想假設他頭上戴的是紅帽子，那麼乙會如此推理：「甲頭上戴的是紅帽子，如果我頭上戴的也是紅帽子，那麼丙立刻就會說出他頭上戴的是白帽子。現在丙沒有說他戴的是白帽子，則說明我頭上戴的不是紅帽子，即我頭上戴的是白帽子。」

那麼乙很快就會說出他戴的是白帽子。但是乙並沒有說，說明甲自己頭上戴的不是紅帽子。

乙、丙的想法與甲相同，所以最終的結果是三個人異口同聲地說：「我頭上戴的是白帽子。」

004. 看帽子猜顏色

丁說不知道自己帽子的顏色，則甲、乙、丙三個人中，必定至少有一頂黃色的帽子。因為如果前面三個人帽子的顏色為 2 藍 1 紅，則丁只能戴黃色的帽子。

同理，丙說不知道，那麼甲、乙兩人中必定至少有一頂黃色的帽子。

同理，乙說不知道，那麼甲必定戴的是黃色的帽子。

第一章　帽子問題

005. 誰被釋放了

　　把三個犯人標記為 A、B、C。當 A 看到另外兩個人戴的都是黑帽子的時候，A 會想到如果自己戴的是白帽子，而另一個犯人 B 就會看到一頂白的和一頂黑的帽子，犯人 B 就會想：如果自己戴的是白帽子，那麼 C 就會看到兩個戴白帽子的人，那麼他就會出去，但是 C 沒有出去，也就是說他沒有看到兩頂白帽子，那麼自己頭上戴的一定是黑帽子，這樣 B 就會被放出來，但是 B 沒有出去。同理 C 也是這樣，所以 A 可以斷定自己戴的是黑帽子。

006. 紅色的還是白色的

　　當局外人還沒宣布「至少一個人戴的是紅帽子」時，這個事實其實每個人都知道了，因為每個人都看到其他 3 個人的帽子都是紅色的。但他們不知道其他人是否知道這個事實，即這個事實沒有成為公共知識。而當這個局外人宣布了之後，「至少一個人的帽子是紅色的」就成了公共知識。此時不僅每個人都知道「至少一個人的帽子是紅色的」，每個人還知道其他人知道他知道的這個事實……

　　局外人第一次問時，由於每個人所看到的其他 3 個人都是紅色的帽子，他們當然不能肯定自己頭上的帽子是什麼顏色，於是都回答「不知道」。此時，如果只有一個人戴紅色的帽子，那麼這個人因為看到 3 頂白色的帽子，他肯定知道自己的帽子顏色。因此，當 4 個人都回答「不知道」時，意味著「至少有 2 個人戴的是紅色的帽子」，而且這也是公共知識。

　　當局外人第二次問時，如果只有 2 個人戴的是紅色的帽子，這 2 個人就會回答「知道」，因為他們各自面對的是 1 個戴紅色帽子的人。但由於

每個人面對的是不止一個戴紅色帽子的人，因此當局外人第二次問時，他們只能回答「不知道」。此時的「不知道」，意味著「至少3個人戴紅色的帽子」，並且已成為公共知識。

同樣的，局外人第三次問時，4個人均回答「不知道」，意味著4個人均戴的是紅色的帽子。因此，當局外人第四次問時，他們就知道每個人頭上均戴著紅色的帽子，於是，他們回答「知道」。

在這個過程中，當局外人首先宣布「其中至少一個人的帽子是紅色的」，以及第二至第四次回答的時候，無論是回答「知道」還是「不知道」，它們均構成公共知識，即構成所有人推理的前提。在這個過程中，每個人均在推理。這就是「帽子的顏色問題」。

007. 白色和黑色的紙片

假設戊說的是真話，「四片白色的紙片」，那甲、乙、丙都該說真話，互相矛盾，即戊說的是假話，他頭上是黑色的紙片。

假設乙說的是真話，「四片黑色的紙片」，那麼甲、丙、丁頭上也是黑色的紙片，乙頭上是白色的紙片，而丙說的「三黑一白」就成了真話，互相矛盾。所以乙說的也是假話，他頭上是黑色的紙片。

這樣一來就剩乙和戊兩張黑色的紙片了，甲也在說假話，他頭上的是黑色的紙片。

如果丙說的「三黑一白」是假話，因為甲、乙、戊頭上已經是黑色的紙片了，那麼丁頭上也應該是黑色的紙片，這樣乙說的「四黑」就成真話了。這樣互相矛盾，所以丙說的是真話，他頭上是白色的紙片。

丙說的「三黑一白」是真話，甲、乙、戊頭上都是黑色的紙片，所以丁頭上的是白色的紙片。

008. 大賽的冠軍

他（甲）是這樣推論的：

假設另外兩個人分別為乙和丙。乙舉手了，說明甲和丙兩人中，至少有一個人是戴紅帽子的。

同樣的，丙舉手了，說明甲和乙兩人中，至少有一個人是戴紅帽子的。

如果甲頭上不是戴著紅帽子，那麼，丙一定會想：「乙舉了手，說明我和甲至少有一個人頭上戴著紅帽子。」現在，丙明明看到甲沒戴紅帽子，所以，丙一定戴紅帽子。在這種情況下，丙一定會知道並說出自己戴紅帽子。可是，他並沒有說自己戴紅帽子。可見，甲頭上戴的是紅帽子。

同理，如果甲不是戴紅帽子，乙的想法也會和丙是一樣的，即：「丙舉了手，說明我和甲兩人中至少有一個人頭上戴紅帽子。」現在，乙明明看到甲頭上沒戴紅帽子，所以，乙一定戴了紅帽子。在這種情況下，乙一定會知道自己戴的是紅帽子，可是，乙並沒有這樣說。所以，甲頭上戴的是紅帽子。

009. 聰明的俘虜

因為在周圍的 10 個人都看到了 9 條絲巾，他們猜不出來的原因，就是都看到了 5 條紅絲巾，4 條藍絲巾，所以猜不出自己戴的是紅絲巾還是藍絲巾。這樣唯一的情況，就是中央的人戴的是紅絲巾，而被中間的人擋住的那個人戴的絲巾和自己的顏色正好相反。所以，在周圍的人就猜不出自己頭上絲巾的顏色了。

010. 電梯

法國青年親了自己手掌一下，然後狠狠地打了納粹軍官一耳光。因為他是個愛國青年，這種行為也算是對入侵者的報復吧！

011. 裁員還是減薪

你應該選擇開除部分員工，為什麼呢？

如果你給每個人都減薪 15%，有些員工可能就會跳槽到其他公司，去謀求薪水更高的職位。不幸的是，最有可能跳槽的將是你手下那些最優秀的員工，因為他們更有可能在其他地方謀得薪水更高的職位。所以，每個人減薪 15%，會讓你流失最優秀的員工，這恰恰是你最不想看到的。相較之下，如果你選擇開除 15% 的員工，顯然可以選擇淘汰生產效率最低的那部分員工。優勝劣汰，是自然界永恆的法則。

012. 排隊買麻花

這家冒牌的「今日麻花」門前之所以排了長隊，是因為這家店的老闆經常會找一些人在門前專門排隊。

當我們走到一家店門口時，看到有人在排長隊，就知道一定有事情發生，我們會認為他們排隊是有原因的。這是很正常的，因為一般只有很好吃的麻花才值得別人排這麼長的隊。

當多數人都選擇某間店買麻花時，我們也容易會選擇這間店。因為別人也有選擇其他店的可能，但之所以沒有選擇，肯定是有所考慮的。

013. 意想不到的老虎

多數人認為，死囚的第一步推理是正確的，即老虎不可能在第五扇門內。實際上，即使只有一扇門，死囚也無法確定老虎是否在這扇門內，這確實是意想不到的。這是一道著名的邏輯悖論，至今仍然沒有很好的解釋，關鍵就在於「意想不到」。既然承認了意想不到的前提，那怎麼能推測出必然的結論呢？！

014. 竊盜案

首先，第二天有 4 個人喊叫，一定是 4 個平民的喊叫，其中不可能有小偷。可得出下面 3 種可能的情況。因為有 4 個平民被盜，1 個警察，又因為小偷一天偷一次，總共有 3 個條件，所以第一種情況為：4 個小偷，4 個平民，2 個警察；第二種情況為：4 個小偷，5 個平民，1 個警察；第三種情況為：5 個小偷，4 個平民，1 個警察。

第一天，這幾個小偷不約而同地偷了豪宅（除了 10 個房間以外的地方）裡的東西。這也解釋了為什麼第二天被盜的 4 個人中一定沒有小偷。

下面分析這三種情況。

第一種情況：因為 4 個平民都可以識別警察，而警察又有 2 個，而且第二天他們 4 個平民又互相認識了彼此的身分，所以，他們每個人都很清楚剩下的 4 個人一定是小偷，因此，都會寫 2 封一樣的匿名信，分別投進 2 個警察的信箱裡。而題目中卻是 5 封信，並且每封信裡所寫出的姓都不一樣，所以第一種情況是不可能的。

第二種情況：4 個小偷，5 個平民，1 個警察。

首先，當每個被盜的平民看到外面只有 1 個警察時，這時候每個被盜

的平民都不能確定剩下的 5 個人中到底是 4 個小偷和 1 個沒有被盜的平民，還是 5 個人都是小偷，所以，他們無法寫匿名檢舉信。換句話說，在 5 個平民中，只有那個沒有被盜的平民知道外面有 4 個被盜的平民和 1 個警察，從而推斷出剩下的 4 個人一定是小偷。他只需要寫一封信就夠了。然而，那 4 個小偷如果看到外面有 5 個平民，那麼每個小偷都能推斷出那個沒有被盜的平民一定會寫一封信給警察。因此，他們就不約而同地做出了一件事。因為每個小偷都無法從除了自己、5 個平民以外的 4 個人中推測出誰是警察，所以，他們每個人都寫了 4 封信，而這 4 封信的特點是：每封信都不寫自己、收信人和 4 個被盜的平民的姓，然後就把這 4 封信分別投入對應的收信人的信箱，那麼，總會有一封信會被警察收到。所以，警察一共會收到 5 封信，而這 5 封信中，每封信的內容都不一樣。

　　警察看完信，想了一會兒後馬上衝出去。為什麼警察要衝出去呢？肯定是他已經知道誰是小偷了。可為什麼會這麼著急呢？他怕小偷銷毀證據。

　　但是警察只能推測出 5 個嫌疑人中有 4 個是小偷。無法判斷哪個是沒有被盜的平民。當那 4 個小偷看到有一個沒有被盜的平民後，每個小偷都會知道這個平民一定會寫給警察一封匿名檢舉信，所以這 4 個小偷都會寫 4 封匿名誣告信。但是有一點可能都沒有注意到：就是當小偷在寫第一封信的時候，他的潛意識裡已經有了 3 個人的姓，其中有一個是自己的姓，另一個是收信人的姓，但是這兩個人的姓都不能寫在信裡。小偷一定是第一個寫這個人的姓。那麼還有一個人，這個人就是沒有被盜的平民，因為只有他在每個小偷的腦海裡是有直觀印象的，而其他的 3 個人的姓則靠推理，只能隨機地推出一個寫一個。所以，這個小偷在寫每一封信的第一個姓的時候就不假思索地寫下了沒有被盜的平民的姓。其他的小偷都會這樣想並這樣做。因此，陳警察收到的 5 封信應該是：其中有 4 封信的第一個

姓是一樣的，只有一封信的第一個姓是不一樣的，而這封第一個姓不一樣的信的寫信人就是沒有被盜的平民。

第三種情況：5 個小偷都會寫信給警察。

第一天，有 5 個小偷不約而同地偷了豪宅（除了 10 個房間以外的地方）裡的東西。

到了第二天，有兩種可能：5 個小偷偷的是 4 個平民，有一個平民被盜兩次。這 5 個小偷都認識外面的 4 個平民，每個小偷都會想：如果有 2 個警察，那麼每個警察一定會收到 4 封信，每封信包含的姓是一樣的。而且，每個小偷都會想到警察會想到的這些。在這種情況下，每個小偷都意識到包括自己在內的所有小偷都會被抓，所以，他們就沒有必要再去寫匿名誣告信。如果只有 1 個警察，那麼就應該有 5 個小偷，每個小偷都知道那 4 個平民是不會給警察寫信的，因為這時候每個被盜的平民都不能確定剩下的 5 個人中到底是 4 個小偷和 1 個沒有被盜的平民，還是這 5 個人都是小偷，所以，他們無法寫匿名誣告信。每個小偷都會想到這一點。所以，為了不被警察懷疑，每個小偷都會給警察寫信。

第二天，有 4 個小偷都不約而同地偷了 4 個平民家的東西，而這個時候，另外一個小偷卻還是偷了豪宅（除了 10 個房間以外的地方）裡的東西。那麼，偷平民家東西的那 4 個小偷的想法和上面是一樣的。而那個偷豪宅的小偷，他是否一定會寫匿名誣告信呢？答案是會的，因為他能清清楚楚地推測出一定有 5 個小偷（包括自己）。他也能想到其他 4 個小偷會寫包含自己的姓的誣告信。如果自己不寫信給警察，那麼警察就會收到 4 封信，而每封信的內容裡都有自己的名字，這樣很容易讓警察懷疑上自己。因此每個小偷都會寫匿名誣告信。

所以，最終的答案是：

1 個警察 —— 陳

4 個平民 —— 張、王、李、徐

5 個小偷 —— 董、許、林、孔、趙

015. 抽卡片

其實很顯然最後一張會是乙來選的，那麼他會想把大的留在後面（比如 24 是最後，結果一定大於 24，是絕對值），所以甲希望大的先出，乙則相反。

乙採取下面的策略。

(1) 如果甲把 2k － 1（k 不等於 12）添上＋（－）號，他就把 2k 添上－（＋）號。

(2) 如果甲把 2k（k 不等於 12）添上＋（－）號，他就把 2k － 1 添上－（＋）號。

(3) 如果甲把 24 添上＋（－）號，他就把 23 添上＋（－）號。

(4) 如果甲把 23 添上＋（－）號，他就把 24 添上＋（－）號。

結果是 36，也就是說至少是 36。

對於甲：如果甲第一次選 1，後來甲根據乙的選擇來定，總是選擇和乙相差 1 的數，並且符號始終是相反的，則甲、乙各選了 11 次後，最多是 12。那麼即使最後是 24，最多就是 36，也就是說最多是 36。

結果就是 36。

016. 撲克牌遊戲推理

4個5和4個10都在乙手裡。在普通的撲克牌遊戲中，5張的「順子」必然要包含5或10，不考慮 A 是大還是小，或者兩者都算。

017. 塗顏色問題

以第一格塗紅色為例，給出樹形圖如圖 1－1 所示。

由此得出，不同的塗色方法共有 N ＝ C 13× 10 ＝ 30 （種）。

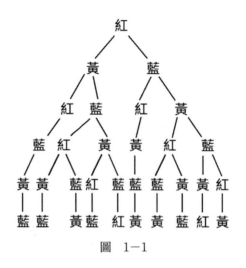

圖　1－1

018. 男孩和女孩

由於每個人都看不到自己頭上戴的帽子，所以男孩看來是一樣多，則說明男孩比女孩多一個，假設女孩有 x 人，那麼男孩有 x ＋ 1 人。而在每一個女孩看來，天藍色游泳帽是粉紅色游泳帽的 2 倍，也就是 2（x － 1）＝ x ＋ 1，解得 x ＝ 3。所以男孩是 4 個，女孩是 3 個。

019. 玻璃球遊戲

共有 4 個男孩。

因為每人拿的球中，紅＞藍＞綠，而每人拿了 12 個球，所以紅色玻璃球至少要拿 5 個，最多只能拿 9 個。

紅色玻璃球一共是 26 個，每人至少拿 5 個，所以最多能有 5 個人。

小強拿了 4 個藍色玻璃球，那麼他最多只能拿 7 個紅色玻璃球；就算小剛和小明都拿了 9 個紅色玻璃球，他們三個也只拿了 25 個紅色玻璃球，少於 26 個，所以至少是 4 個人。

假設是 5 個人，那就有 4 個人拿了 5 個紅色玻璃球，1 個人拿了 6 個紅色玻璃球。

對於拿了 5 個紅色玻璃球的人來說，藍色玻璃球和綠色玻璃球只有一種選擇：4 藍 3 綠，和只有小強拿了 4 個藍色玻璃球這個條件矛盾。所以是 4 個人。

拿球的組合情形如表 1－2 所示。

表　1－2

名字	紅色玻璃球數	藍色玻璃球數	綠色玻璃球數
小強	5	4	3
小剛	6	5	1
小華	7	3	2
小明	8	3	1

020. 送金魚

兒子們所送的金魚中，各色金魚的數量如表 1-3 所示。

表　1-3

兒子	黃色	粉色	白色	紅色
大兒子	5	1	1	1
二兒子	2	1	3	2
三兒子	1	1	3	3
四兒子	1	4	2	1
小兒子	1	3	1	3

021. 6種顏色

選 C。由條件（1）可得，其餘的四種顏色（黃、綠、藍、白）為兩組互為對面的顏色，又由條件（2）、（3）可得必定是白色與黃色為對面，藍色與綠色為對面。所以，選 C 項。

022. 新車的顏色

如果新車的顏色是黑色的，那麼三句話都是正確的；如果新車的顏色是銀色的，那麼前兩句是正確的，第三句是錯誤的；如果新車的顏色是紅色的，那麼三句話都是錯誤的。所以只有銀色符合條件。

023. 彩旗的排列

順序依次是：紫、藍、黃、銀、紅、黑、綠、白。

（1）銀色旗子離紫色旗子較近。

（2）紅色旗子與白色旗子隔兩面旗子。

(3) 藍色旗子在紫色旗子邊上。

(4) 黃色旗子在銀色旗子與藍色旗子之間。

024. 鴿巢原理

4 個。

在運氣最差的情況下抓 3 個至少是每種顏色的綵球各一個，所以再多抓一個，也就是 4 個，那麼裡面一定會有 2 個是一樣顏色的。這就是最簡單的「鴿巢原理」。

下面解釋一下「鴿巢原理」，先來看幾個例子。

「任意 367 個人中，必有生日相同的人。」

「從任意 5 雙手套中任取 6 隻，其中至少有 2 隻恰好為一雙手套。」

「從 1，2，…，10 中任取 6 個數字，其中至少有 2 個數字奇偶性不同。」

……

大家都會認為上面所述結論是正確的。這些結論是根據什麼原理得出的呢？這個原理叫做鴿巢原理。它可以用形象化的語言表述為：「把 m 隻鴿子任意放進 n 個空鴿籠裡（m ＞ n），那麼一定有一個鴿籠中放進了至少 2 隻鴿子。」

在上面的第一個結論中，由於一年最多有 366 天，因此在 367 人中至少會有 2 人出生在同月同日。這相當於把 367 隻鴿子放入 366 個鴿籠，至少有 2 隻鴿子會在同一個鴿籠裡。在第二個結論中，不妨想像將 5 雙手套分別編號，即號碼為 1，2，…，5 的手套各有兩隻，同號的兩隻是一雙。任取 6 隻手套，它們的編號最多有 5 種，因此其中至少有 2 隻手套的號碼相同。這相當於把 6 隻鴿子放入 5 個鴿籠，至少有 2 隻鴿子會在同一個鴿籠裡。

第一章　帽子問題

第二章　說謊問題

　　說謊問題又叫真話假話問題，假設人分為兩類：一類永遠說真話，另一類永遠說假話，根據兩種人說的話來判斷誰是哪類人。當然，有的時候為了增加問題的難度，會加入時而說假話、時而說真話的人。

　　下面是一個比較經典的說謊問題。

　　一個岔路口分別通往天堂和地獄。路口站著兩個人，已知一個人來自天堂，另一個人來自地獄，但是不知道誰來自天堂，誰來自地獄，只知道來自天堂的人永遠說實話，來自地獄的人永遠說謊話。你要去天堂，但不知道應該走哪條路，需要問這兩個人。如果只允許問一句，你應該怎麼問？

　　答案是這樣的。隨便問一個人：「如果我問另一個人去天堂應該走哪條路這個問題，他會指給我哪條路？」然後根據他的答案走相反的那條路就可以到達了。或是指著其中的一條路問其中一個人：「你認為另外一個人會說這是通往天堂的路嗎？」由於他們的回答必須結合自己的和另外一個人的觀點，所以他們的答案是一樣的，並且都是錯誤的。如果你指的正好是去天堂的路，那麼他們都會回答「不是」；如果指的正好是去地獄的路，他們都會回答「是」。當然，還有其他類似的問法。

　　為了更好地理解這個問題，我們首先要知道什麼是說謊。

　　大學快要畢業的時候，我在網上到處投履歷求職。有一家公司的銷售部門給了我一個面試機會，面試的時候他們向我提了很多問題，其中一個問題是：「對於偶爾撒一點謊你會感到反感嗎？」

　　我當時實際上是反感的，尤其是反感那些為了銷售成績而把產品胡亂

吹捧的推銷員，可是轉念一想，如果我照實回答「反感」的話，這份工作肯定就丟了，所以我撒了個謊，說了「不會」。

面試完後，在回學校的路上，我回想面試時的表現，忽然反問自己：「我對當時回答面試官的那句謊話反感嗎？」我的回答是「不反感」。既然我對那句謊話不反感，說明我不是對一切謊話都反感，因此這麼看來，面試時我回答的「不」並不是謊話，而是真話了。

從邏輯上來看，我當時說的是真話，因為如果說我的回答是假話，就會引發矛盾。但在當時，我確實覺得自己的回答是在撒謊。

從我的那次面試經歷可以引申出一個問題：一個人難道不知道自己在撒謊嗎？所謂「撒謊」並不是指一個人說的話不符合事實，而是指說話的人相信自己說的話是假的；即使你說的話符合事實，但只要你自己相信那是假的，那也是在撒謊。

有一個例子可以很好地說明撒謊的情形。一位精神病院的醫生有心要放一個精神分裂症患者出院，決定給他做一次測謊機檢查。醫生問精神病人：「你是超人嗎？」病人回答：「不是。」結果測謊儀嘟嘟嘟地響了起來，表示病人在撒謊。

縱向擴展訓練營

025. 問路

一個砍柴的人在山裡迷了路，無法下山，他嚇壞了。他走了很久，這時，他來到一個三岔路口旁。遇到了三個人，他們每人站在一個路口上。砍柴的人向他們問路，希望可以盡快下山。

第一個路口的人回答說：「這條路通往山下。」

第二個路口的人回答說：「這條路不通往山下。」

第三個路口的人回答說：「他們兩個說的話，一句是真的，一句是假的。」

如果第三個路口的人說的話是真的，那麼，這個砍柴的人要選擇哪一條路才能下山呢？

026. 說謊國與老實國

傳說古代有一個「說謊國」和一個「老實國」。老實國的人總說真話，而說謊國的人只說假話。

有一天，兩個說謊國的人混在老實國的人群中間，想偷偷進入老實國。

他們和一個老實國的人進城的時候，哨兵問他們三人：「你們是哪個國家的人？」

甲回答說：「我是老實國的人。」

乙的聲音很輕，哨兵沒有聽清楚，於是指著乙問丙：「你說他是哪一國的人，你又是哪一國的人？」

丙回答道：「他說他是老實國的人，我也是老實國的人。」

哨兵知道三個人中間只有一個是老實國的人，可不知道是誰。面對這樣的回答，哨兵應該如何做出分析呢？

027. 精靈的語言

有 A、B、C 三個精靈，其中一個精靈只說真話；另外一個精靈只說假話；還有一個精靈隨機地決定何時說真話，何時說假話。你可以向這三個精靈發問三條是非題，而你的任務是從他們的答案中找出誰說的是真話，誰說的是假話，而誰是隨機答話。你每次可選擇任何一個精靈問話，問的問題可以取決於上一題的答案。這個難題困難的地方是這些精靈會以「呀」或「喲」回答，但你並不知道意思，只知道其中一個字代表「對」，另外一個字代表「錯」。你應該問哪三個問題呢？

028. 是人還是妖怪

在一個奇怪的島上住著兩類居民：人和妖怪。妖怪會變身，總是以人的狀態生活。有一年這裡發生了一場瘟疫，有一半的人和一半的妖怪都生了病而變得精神錯亂，這樣這裡的居民就分成了四類：神志清醒的人、精神錯亂的人、神志清醒的妖怪、精神錯亂的妖怪。從外表上是無法區分他們的。他們的不同之處在於：凡是神志清醒的人總是說真話，但是一旦精神錯亂了，他就只會說假話。

妖怪和人恰好相反的，凡是神志清醒的妖怪都是說假話的，但是他們一旦精神錯亂，反倒會說起真話來。

這四類居民講話都很乾脆，他們對任何問題的回答只用兩個詞：「是」或「不是」。

有一天，有位邏輯博士來到這個島上。他遇見了一個居民 P。邏輯博士很想知道 P 是屬於四類居民中的哪一類，於是，他就向 P 提出一個問題。他根據 P 的回答，立即就推斷出 P 是人還是妖怪。後來，他又提出一個問題，又推斷出 P 是神志清醒的還是精神錯亂的。

邏輯博士先後提的是哪兩個問題呢？

029. 回答的話

在一個奇怪的島上有兩個部落，一個部落叫誠實部落，一個部落叫說謊部落。誠實部落的人只說真話，而說謊部落的人只說假話。一個路人要找一個誠實部落的人問路，他遇到兩個人，就問其中的一個：「你們兩個人中有誠實部落的人嗎？」被問者回答了他的話，路人根據這句話，很快就判斷出哪一個是誠實部落的人。你知道，被問者回答的是什麼嗎？

030. 愛撒謊的孩子

　　一個孩子很愛撒謊，一週中有 6 天在說謊，只有一天說實話。下面是他在連續 3 天裡說的話。

　　第一天：「我星期一、星期二撒謊。」

　　第二天：「今天是星期四、星期六或是星期日。」

　　第三天：「我星期三、星期五撒謊。」

　　請問一週中他哪天說了實話呢？

031. 今天星期幾

　　在非洲某地有兩個奇怪的部落，一個部落的人在每週的一、三、五說謊；另一個部落的人在每週的二、四、六說謊，在其他日子他們都說實話。一天，一位探險家來到這裡，見到兩個人，向他們請教今天是星期幾。兩個人都沒有明確告訴他，只是都說：「前天是我說謊的日子。」如果這兩個人分別來自兩個部落，那麼今天應該是星期幾？

032. 有幾個天使

一個旅行者遇到了 3 個美女，他不知道哪個是天使，哪個是魔鬼。天使只說真話，魔鬼只說假話。

甲說：「在乙和丙之間，至少有一個是天使。」

乙說：「在丙和甲之間，至少有一個是魔鬼。」

丙說：「我只說真話。」

你能判斷出有幾個天使嗎？

033. 向雙胞胎問話

有戶人家有一對雙胞胎小孩，哥哥是個好孩子，所說的話都是真話，弟弟是個壞孩子，只說謊話。兩個小孩的父親有個同事，知道這兩個孩子的秉性。有一次這個人打電話到他家，想知道他們的父母到底在不在家。你能讓這個人只問一個問題就知道他們的父母是在家還是出門了嗎？即使聽不出來接電話的是哥哥還是弟弟。

034. 誰是竊盜犯

有個法院開庭審理一起竊盜案件，某地的 A、B、C 三人被押上法庭。負責審理這個案件的法官是這樣想的：肯提供真實情報的不可能是竊盜犯；與此相反的，真正的竊盜犯為了掩蓋罪行，一定會編造口供。因此，他得出了這樣的結論：說真話的肯定不是竊盜犯，說假話的肯定就是竊盜犯。審判的結果也證明了法官的這個想法是正確的。

審問開始了。

法官先問 A：「你是怎樣進行竊盜的？實話實說！」A 回答了法官的

問題：「嘰裡咕嚕，嘰裡咕嚕……」A 講的是某地的方言，法官根本聽不懂他講的是什麼意思。

法官又問 B 和 C：「剛才 A 是怎樣回答我的提問的？嘰裡咕嚕，嘰裡咕嚕，是什麼意思？」

B 說：「稟告法官，A 的意思是說，他不是竊盜犯。」

C 說：「稟告法官，A 剛才已經招供了，他承認自己就是竊盜犯。」

B 和 C 說的話法官是能聽懂的。聽了 B 和 C 的話之後，這位法官馬上斷定：B 無罪，C 是竊盜犯。

請問：這位聰明的法官為什麼能根據 B 和 C 的回答，做出這樣的判斷？A 是不是竊盜犯呢？

橫向擴展訓練營

035. 四名證人

有一位很有名望的教授被殺了，凶手仍在逃。經過幾天的偵查，警察抓到了 A、B 兩名嫌疑人，另外還有四名證人。

第一位證人張先生說：「A 是清白的。」

第二位證人李先生說：「B 為人光明磊落，他不可能殺人。」

第三位證人趙先生說：「前面兩位證人的證詞中，至少有一個是真的。」

最後一位證人王太太說：「我可以肯定趙先生的證詞是假的。至於他有什麼意圖，我就不知道了。」

最後警察經過調查，證實王太太說了實話。

請問凶手究竟是誰？

036. 四個人的口供

某珠寶店發生竊盜案，抓到了甲、乙、丙、丁四個犯罪嫌疑人。下面是四個人的口供。

甲說：「是乙做的。」

乙說：「是甲做的。」

丙說：「反正不是我。」

丁說：「肯定是我們四個人中的某人做的。」

事實證明，這四個人的口供中只有一句是真話，那麼誰是作案者呢？

037. 誰偷吃了蛋糕

媽媽買了一塊蛋糕，準備晚餐後大家一起吃，但是飯還沒做好，就發現蛋糕被偷吃了。而屋子裡只有她的四個兒子，他們的口供如下。

大兒子說：「我看見蛋糕是老二偷吃的。」

二兒子說：「不是我！是老三偷吃的。」

三兒子說：「老二在撒謊，他是要陷害我。」

小兒子說：「蛋糕是誰偷吃的我不知道，反正不是我。」

經過調查證實，四個人中只有一個人的供詞是真話，其餘都是假話。

請問誰偷吃了蛋糕？

038. 5個兒子

有一個老財主，一輩子存下了不少錢財。他有 5 個兒子，在兒子成家立業之後，財主將自己所有的財產分給了 5 個兒子，自己僅留了少量生活

所用。若干年後，突遇一個災荒之年，可憐的父親面臨斷炊，所以不得不求助於 5 個兒子。

但是，經過了這麼多年，有的兒子賺了不少錢，有的兒子則將家財敗光了。他不知道現在哪個兒子有錢，但他知道，他們兄弟之間都知道彼此的情況。

下面是老財主的 5 個兒子說的話。其中有錢的兒子說的都是假話，沒錢的兒子說的都是真話。

老大說：「老三說過，我的 4 個兄弟中，只有一個人有錢。」

老二說：「老五說過，我的 4 個兄弟中，有兩個人有錢。」

老三說：「老四說過，我們 5 個兄弟都沒錢。」

老四說：「老大和老二都有錢。」

老五說：「老三有錢，另外老大承認過他有錢。」

你能幫助這位老父親判斷出這幾個兒子中誰有錢嗎？

039. 男女朋友

物理系有 3 個男同學 A、B、C，他們是好朋友。而且更巧合的是，他們的女朋友甲、乙、丙三個女孩也是好朋友。一天，6 個人結伴出去玩，遇到一個好事者，想知道他們中誰和誰是一對，於是就上前打聽。

他先問 A，A 說他的女朋友是甲。

他又去問甲，甲說她的男朋友是 C。

再去問 C，C 說他的女朋友是丙。

這下可把這個人弄暈了，原來三個人都沒有說真話。

你能推理出誰和誰是男女朋友嗎？

040. 盒子裡的東西

在桌子上放著 A、B、C、D 四個盒子。每個盒子上都有一張紙條，分別寫著一句話。

A 盒子上寫著：「所有的盒子裡都有水果。」

B 盒子上寫著：「這個盒子裡有香蕉。」

C 盒子上寫著：「這個盒子裡沒有水梨。」

D 盒子上寫著：「有些盒子裡沒有水果。」

如果這裡只有一句話是真的，你能斷定哪個盒子裡有水果嗎？

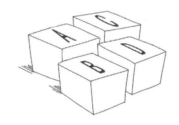

041. 誰通過了托福

關於一個班的英語托福通過情況有如下陳述。

(1) 班長通過了。

(2) 該班所有人都通過了。

(3) 有些人通過了。

(4) 有些人沒有通過。

經過詳細調查，發現上面的陳述只有兩個是真的，可見（？？）。

A. 該班有人通過了，但也有人沒有通過

B. 班長通過了

C. 所有人都通過了

D. 所有人都沒有通過

042. 誰及格了

有一個家庭有 5 個兒子，他們的成績都不是很好，爸爸總是為他們考試能否及格而發愁。一次期末考試之後，爸爸又詢問孩子們的成績。他不知道哪個兒子考試不及格，但他知道，這些孩子之間彼此知道成績，且考試不及格的人肯定會說假話，考試及格的人才會說真話。

老大說：「老三說過，我的 4 個兄弟中，只有一個考試沒及格。」

老二說：「老五說過，我的 4 個兄弟中，有兩個考試沒及格。」

老三說：「老四說過，我們兄弟 5 個都及格了。」

老四說：「老大和老二考試都沒及格。」

老五說：「老三考試沒及格，另外老大承認過他考試沒及格。」

你知道 5 個兒子中誰考試沒及格嗎？

043. 誰寄的錢

某公司有人喜歡做善事，經常捐款捐物資，而每次都只留公司名不留人名。一次該公司收到感謝信，要求找出此人。該公司在查找過程中，聽到以下 6 句話。

（1）錢可能是趙風寄的，或者是孫海寄的。

（2）錢如果不是王瑀寄的，就是張霖寄的。

（3）錢是李亮寄的。

（4）錢不是張霖寄的。

(5) 錢肯定不是李亮寄的。

(6) 錢不是趙風寄的，也不是孫海寄的。

　　事後證明，這 6 句話中只有 2 句話是假的，請根據以上條件確認匿名捐款人。

斜向擴展訓練營

044. 真真假假

A、B、C 三人的名字分別叫真真、假假、真假（名字不按照 A、B、C 順序），真真只說真話，假假只說假話，而真假有時說真話有時說假話。

有一個人遇到了他們，於是問 A：「請問，B 叫什麼名字？」

A 回答說：「他叫真真。」

這個人又問 B：「你叫真真嗎？」B 回答說：「不，我叫假假。」

這個人又問 C：「B 到底叫什麼？」C 回答說：「他叫真假。」

請問：你知道 A、B、C 中誰是真真，誰是假假，誰是真假嗎？

045. 誰在說謊

有甲、乙、丙三人，甲說乙在說謊，乙說丙在說謊，丙說甲和乙都在說謊。

請問到底誰在說謊？

046. 兩兄弟

小阿姨帶著她的雙胞胎兒子來看望小紅，兩個小孩除了一個人穿紅衣服、一個人穿藍衣服外，其他都一模一樣。小紅看了很是高興，左看右看後，就問他們誰是哥哥、誰是弟弟。

穿紅衣服的小孩說：「我是哥哥。」另一個穿藍衣服的小孩說：「我是弟弟。」小阿姨在旁邊笑道：「小紅，他們中至少有一個在撒謊。」那麼，你能幫小紅判斷出誰是哥哥嗎？

047. 誰是哥哥

有兄弟二人，哥哥上午說實話，下午說謊話；弟弟則正好相反，上午說謊話，下午說實話。

有一個人問兄弟二人：「你們誰是哥哥？」

較胖的人說：「我是哥哥。」

較瘦的人也說：「我是哥哥。」

那個人又問：「現在幾點了？」

較胖的說：「快到中午了。」

較瘦的說：「已經過中午了。」

請問：現在是上午還是下午？誰是哥哥？

048. 應該釋放誰

有一個偵探逮捕了 5 名嫌疑犯 A、B、C、D、E。但這 5 個人供出的作案地點有出入。

進一步審訊他們之後，他們分別提出了如下的申述。

A：5 個人中有 1 個人說謊。

B：5 個人中有 2 個人說謊。

C：5 個人中有 3 個人說謊。

D：5 個人中有 4 個人說謊。

E：5 個人全說謊。

但是只能釋放說真話的人，該釋放哪幾個人呢？

049. 找出間諜

日日國和星星國開戰，日日國軍隊把某城鎮 2,000 個人全趕到一個廣場上，要這些人交代星星國軍隊的下落，被逼之下，老百姓每人說出一個星星國軍隊的藏身之處，2,000 個人說辭各不相同。再進一步拷問，日日國軍隊得到了以下回答。

第 1 個人：「2,000 個人中有 1 個人在說謊。」

第 2 個人：「2,000 個人中有 2 個人在說謊。」

第 3 個人：「2,000 個人中有 3 個人在說謊。」

第 1999 個人：「2,000 個人中有 1,999 個人在說謊。」

第 2000 個人：「2,000 個人都在說謊。」

你知道誰是間諜嗎？他對日日國軍隊說實話了嗎？

050. 三人聚會

三個人聚會，每人只說了一句話。

張蘭：「李偉說謊。」

李偉：「王鑫說謊。」

王鑫：「張蘭和李偉都說謊。」

請問：誰說謊？誰沒說謊？

051. 互相牽制的僵局

三位嫌疑人對同一件案件進行辯解，其中有人說謊，有人說實話。警察最後一次向他們求證。

問甲：「乙在說謊嗎？」甲回答說：「不，乙沒有說謊。」

問乙：「丙在說謊嗎？」乙回答說：「是的，丙在說謊。」

那麼，警察問丙：「甲在說謊嗎？」

請問丙會怎麼回答呢？

052. 不同部落間的通婚

完美島上有兩個部落，其中一個部落叫誠實部落（總是講真話），另一個部落叫說謊部落（從不講真話）。一個誠實部落的人與一個說謊部落的人結了婚，這段婚姻非常美滿，夫妻雙方在多年的生活中受到了對方性格的影響。誠實部落的人已經習慣於每講三句真話就講一句假話，而說謊部落的人則已習慣於每講三句假話就要講一句真話。他們生下一個兒子，這個孩子具有這兩個部落人的性格（真話、假話交替著講）。

另外，這一對夫妻與他們的兒子每人都有一個部落編號，且編號各不

相同。這三個人的名字分別叫阿爾法、貝塔、伽馬。

3 個人各說了 4 句話，但卻不知道是誰說的（誠實部落的人講的是 1 句假話，3 句真話；說謊部落的人講的是 1 句真話，3 句假話；孩子講的是真、假話各兩句，並且真、假話交替）。

他們講的話如下。

A：

(1) 阿爾法的編號是 3 個人中最大的。

(2) 我過去是誠實部落的。

(3) B 是我的妻子。

(4) 我的部落編號比 B 的大 22。

B：

(1) A 是我的兒子。

(2) 我的名字是阿爾法。

(3) C 的部落編號是 54 或 78 或 81。

(4) C 過去是說謊部落的。

C：

(1) 貝塔的部落編號比伽馬的大 10。

(2) A 是我的父親。

(3) A 的部落編號是 66 或 68 或 103。

(4) B 過去是誠實部落的。

找出 A、B、C 3 個人中誰是父親，誰是母親，誰是兒子，以及他們各自的名字和他們的部落編號。

答案

025. 問路

走第三條路。

如果第一個路口的人說的是真話，那麼它就是出口，這樣第二個路口的人說的話也是正確的，這和只有一句話是真話互相矛盾。

如果第一個路口的人說的是假話，第二個路口的人說的是真的，那麼它們都不是下山的路，所以正確的路就是第三條。

026. 說謊國與老實國

其實只要看丙說的話和「只有一個是老實國的人」這一條件就可以得出答案了。因為不管是老實國的人還是說謊國的人，被人問起，必然會回答自己是老實國的人，即丙的話是如實反映乙的話的，則丙必定為老實國的人。另外兩個人都是說謊國的人。

027. 精靈的語言

向 A 問第一個問題。

如果我問你：「『呀』表示『對』嗎？」和「如果我問你以下兩個問題：『你說真話嗎？』和『B 是在隨機答話的嗎？』，你的回答是一樣的，對嗎？」

如果 A 是說真話的或說假話的並且回答是「呀」，那麼 B 是隨機答話的，則 C 是說真話的或說假話的。

如果 A 是說真話的或說假話的並且回答是「嗡」，那麼 B 不是隨機答

話的，則 B 是說真話的或說假話的。

如果 A 是隨機答話的，那麼 B 和 C 都不是隨機答話的。

所以無論 A 是誰，如果他的回答是「呀」，則說明 C 是說真話或說假話的；如果他的回答是「喲」，則說明 B 是說真話或說假話的。

不妨假設 B 是說真話的或說假話的。

向 B 問第二個問題。

如果我問你：「『呀』表示『對』嗎？」和「羅馬在義大利嗎？你的回答是一樣的，對嗎？」

如果 B 說真話，他會回答「呀」；如果 B 說假話，他會回答「喲」。因此，我們可以確認 B 是說真話的還是說假話的。

向 B 問第三個問題。

如果我問你：「『呀』表示『對』嗎？」和「A 是隨機回答的嗎？你的回答是一樣的，對嗎？」

假設 B 是說真話的，如果他的回答是「呀」，那麼 A 是隨機回答的，則說明 C 是說假話的；如果他的回答是「喲」，那麼 C 是隨機回答的，則說明 A 是說假話的。

假設 B 是說假話的，如果他的回答是「呀」，那麼 A 不是隨機回答的，則說明 C 是隨機回答的，A 是說真話的；如果他的回答是「喲」，那麼 A 是隨機回答的，從而 C 是說真話的。

028. 是人還是妖怪

第一個問題：你神志清醒嗎？回答「是」就是人，回答「不是」就是妖怪。

或者問：你神經錯亂嗎？回答「不是」就是人，回答「是」就是妖怪。

第二個問題：你是妖怪嗎？回答「是」就是神經錯亂的，回答「不是」就是神志清醒的。

或者問：你是人嗎？回答「是」就是神志清醒的，回答「不是」就是神經錯亂的。

029. 回答的話

被問者只能有兩種回答：「有」或者「沒有」。如果被問者回答的是「有」，那麼路人無法根據這句話判斷他們當中是否有誠實部落的人；如果被問者回答的是「沒有」，則說明被問者是說謊部落的人，而另一個就是誠實部落的人，因為被問者不會在自己是誠實部落的人的情況下回答「沒有」的。因此路人得出了判斷，所以被問者回答的就是「沒有」。

030. 愛撒謊的孩子

如果這個孩子第二天說的是真話，那麼這個孩子第一天和第三天說的也都是真話，互相矛盾，所以第二天這個孩子說的肯定是謊話。

如果這個孩子第一天說的是謊話，那麼星期一和星期二兩天裡必然有一天是說真話的；同理，如果這個孩子第三天說的是謊話，那麼星期三和星期五兩天裡也必然有一天說的是真話，這樣，這個孩子第一天和第三天的兩句話不可能都是謊話，說真話的那一天是第一天或第三天。

假設這個孩子第一天說的是真話，因為這個孩子第三天說的是謊話，所以第一天是星期三或星期五，第二天是星期四或星期六，這樣就使得這個孩子第二天說的也是真話，互相矛盾。

所以這個孩子第一天和第二天說的是謊話，第三天說的是真話。因為這個孩子第一天說的是謊話，所以說真話的第三天是星期一或星期二，又因為第二天不能是星期日，所以第三天只能是星期二，也就是第一天是星期日，第二天是星期一，第三天是星期二。因此，他在星期二說了真話。

031. 今天星期幾

設定這兩個人分別為 A、B，分為以下四種情況討論。

（1）A、B 說的都是真話。那 A、B 在同一天說真話只能在星期日，但是星期日 B 成立，A 不成立，所以這種情況不可能出現。

（2）A、B 說的都是謊話。但是在一週內 A、B 不可能同一天說謊話。所以這種情況不可能出現。

（3）A 說的是真話，B 說的是謊話。A 在週二、四、六、日說真話，B 在週二、四、六說謊話。A 只有在週日說真話時，前天（週五）才是他說謊話的日子，但是這天 B 應該說真話。所以這種情況不可能出現。

（4）A 說的是謊話，B 說的是真話。A 在週一、三、五說謊話，B 在週一、三、五、日說真話。在週三、五、日都不符合，因為週三時 B 在說真話，而且週三的前天（週一）也在說真話，但是 B 對外地人用真話說自己週一說謊話，互相矛盾。同理，週五也互相矛盾，所以只有週一符合。週一時，B 用真話對外地人說自己前天（週六）說謊話，週六時 B 的確說的謊話。

A 用謊話對外地人說自己前天（週六）說謊話，其實週六時 A 在說真話，這時正是 A 在用謊話騙外地人說自己前天說謊話。

綜上所述，這一天只能是週一。

032. 有幾個天使

有 2 個天使。

假設甲是魔鬼，由此可推斷她們幾個都是魔鬼，那麼，乙是魔鬼的同時又說了實話，存在矛盾。所以甲是天使，而且乙和丙之間至少有一個也是天使。

假設乙是天使，從她的話來看，丙就是魔鬼；假設乙是魔鬼，從她的話來看，丙就是天使。所以，無論怎樣，都會有 2 個天使。

033. 向雙胞胎問話

只要問：「如果我問另一個人『你父母在家嗎？』他會怎麼說？」相反的答案就是正確答案。

034. 誰是竊盜犯

不管 A 是不是竊盜犯，他都會說自己「不是竊盜犯」。

如果 A 是竊盜犯，那麼 A 是說假話的，這樣他必然說自己「不是竊盜犯」。

如果 A 不是竊盜犯，那麼 A 是說真話的，這樣他也必然說自己「不是竊盜犯」。

在這種情況下，B 如實地轉述了 A 的話，所以 B 是說真話的，因而他不是竊盜犯。C 有意地錯述了 A 的話，所以 C 是說假話的，因而 C 是竊盜犯。至於 A 是不是竊盜犯則是無法確定的。

035. 四名證人

因為王太太說了真話，由此可以推斷趙先生作了偽證，再進一步推斷出張先生和李先生說的都是假話，從而可以判斷 A 和 B 都是凶手。

036. 四個人的口供

分別假設作案者是其中的一人，做出推論，看是否符合要求即可。

如果作案者是甲，那麼乙、丙、丁說得都對。

如果作案者是乙，那麼甲、丙、丁說得都對。

如果作案者是丙，那麼只有丁說得對，符合要求。

如果作案者是丁，那麼丙、丁說得都對。

所以作案者是丙，丁說的是真話。

037. 誰偷吃了蛋糕

是小兒子偷吃的。

具體推理如下。

(1) 如果大兒子說的是真話，是二兒子偷吃的，則二兒子說的是假話，那麼三兒子、小兒子說的又成了真話。有三句真話，不符合題意，所以不是二兒子偷吃的。

(2) 如果二兒子說的是真話，三兒子偷吃了蛋糕，大兒子說的是假話，三兒子說的是假話，小兒子說的又成了真話。有兩句真話，不符合題意，所以不是三兒子偷吃的。

(3) 如果三兒子說的是真話，那麼蛋糕不是三兒子偷吃的，但不一定是二兒子偷吃的。

這樣又可以分成下面兩種情況：

🔁 二兒子沒偷吃蛋糕，這樣一來，大兒子說的是假話，二兒子說的是假話，而又只有一句真話，那小兒子說的也是假話，那就是小兒子偷吃的蛋糕。

🔁 二兒子偷吃了蛋糕，那是不成立的，因為這樣大兒子又說了真話。

(4) 只有小兒子說的是真話，大兒子說了假話，二兒子說了假話，三兒子也說了假話，而二兒子、三兒子說的不能同時為假話，這樣又互相矛盾。

答案是：三兒子說了真話，三兒子和二兒子都沒有偷吃蛋糕，這樣大兒子說了假話，二兒子說了假話。因為只有一句真話，那麼小兒子也說了假話。因此，偷吃蛋糕的是小兒子。

038. 5個兒子

答案是：老大、老四和老五有錢，老二和老三沒錢。

推理過程如下：

從老五的話入手，老大承認過他有錢，這句話一定是假話。因為如果老大有錢，他不會說自己有錢；如果老大沒錢，他也不會承認自己有錢。所以老五說的是假話，老五有錢，老三沒錢。

老三說：「老四說過，我們 5 個兄弟都沒錢。」說明老四有錢。

老四說：「老大和老二都有錢。」說明老大和老二中至少有一個人是沒錢的。

老大說：「老三說過，我的 4 個兄弟中，只有一個人有錢。」現在可以確定老三說了實話，而且確定老四、老五都有錢，所以老大說的是假話，說明老大有錢，老二沒錢。

039. 男女朋友

因為 3 個人都沒有說真話，所以 A 不是甲的男朋友，甲也不是 C 的女朋友，所以甲的女朋友只能是 B。而 C 不是丙的男朋友，那麼 C 的女朋友只能是乙。剩下的 A 與丙就是男女朋友。

040. 盒子裡的東西

C 盒子裡有水梨。因為 A 盒子上的寫的內容和 D 盒子上寫的內容是矛盾的，所以一定有一個是真的。那麼 B 盒子和 C 盒子上寫的內容都是假的，所以能斷定 C 盒子裡有水梨。

041. 誰通過了托福

答案是 A。陳述中 (2) 項如果為真，則 (1)、(3) 項必為真，這與題意「上面的陳述只有兩個是真的」不一致，所以 (2) 項必為假的；再因為 (2) 項和 (4) 項為矛盾命題，即「必有一真一假」，(2) 項為假的話，則 (4) 項必為真。再根據題意「上面的陳述只有兩個是真的」，(2)、(4) 項一假一真，所以 (1)、(3) 項必有一真一假。顯然，如果 (1) 項為真，那麼 (3) 項必為真，這與命題不符。所以 (1) 項為假，(3) 項為真。

042. 誰及格了

老大、老四和老五考試沒及格。

從老五的話入手，老大承認過他考試沒及格，這句話一定是假話。因為如果老大考試沒及格，他不會說自己考試沒及格；如果老大考試及格，他也不會說自己考試沒及格。所以老五說的是假話，老五考試沒及格，老三考試及格，且說實話。

說實話的老三說：「老四說過，我們兄弟 5 個都考試及格了。」說明老四考試沒及格。

老四說：「老大和老二都考試沒及格。」說明老大和老二中至少有一個人考試是及格的。

老大說：「老三說過，我的 4 個兄弟中，只有一個考試沒及格。」現在已經確定老三說實話，老四、老五考試都沒及格，所以老大說的是假話，且老大考試沒及格，而老二考試是及格的。

043. 誰寄的錢

假設是趙風或者孫海寄的，那 (2)、(3)、(6) 項都是錯的，因此不可能是趙風和孫海。

所以可以知道 (1) 項肯定是錯的，(3) 項和 (5) 項有一個是錯的。根據題目可知，只有 2 句話是假的，所以 (2) 項和 (4) 項肯定是對的，因此這個人就是王瑀。

044. 真真假假

A 說 B 叫真真，這樣無論 A 說的是真話還是假話，都說明了 A 不會是真真。因為如果 A 說的是真話，那麼 B 是真真；如果 A 說的是假話，那麼說假話的也不會是真真。

而 B 說自己不是真真，如果是真話，那麼 B 不是真真；如果是假話，那麼說假話的 B 當然也不是真真。

由此可見叫真真的只能是 C。

而 C 說 B 是真假，那麼 B 一定就是真假，所以 A 就只能是假假。

045. 誰在說謊

假設甲說的是實話，那麼乙在說謊；乙說丙在說謊，那麼丙就在說實話；丙卻說甲和乙都在說謊，就成了說謊話。互相矛盾。

假設甲在說謊，那麼乙說的是實話；乙說丙在說謊，那麼丙就在說謊；丙說甲和乙都在說謊，則確實是謊話。假設成立。

所以甲和丙在說謊。

046. 兩兄弟

因為這兩個小孩肯定一個是哥哥、一個是弟弟，而且至少有一個在說謊，那就說明兩個小孩都在說謊。所以，穿藍衣服的是哥哥，穿紅衣服的是弟弟。

047. 誰是哥哥

現在是上午，胖的是哥哥。

假設現在是上午，那麼哥哥說實話，也就是較胖的是哥哥，則沒有矛盾。假設成立。

假設現在是下午，那麼弟弟說實話，而兩個人都說我是哥哥，顯然弟弟在說謊，所以互相矛盾。

048. 應該釋放誰

僅釋放了 D，其餘全說了謊話。

049. 找出間諜

第 1999 個人是間諜，他說的是實話。

050. 三人聚會

李偉說的是真的，張蘭和王鑫說謊。

證明：如果張蘭說的是真的，那麼李偉說的就是假的，則可以推導出王鑫說的是真的，那麼張蘭說的是假的。互相矛盾。

如果李偉說的是真的，那麼王鑫說的是假的，則可推導出張蘭、李偉中至少有一個說的是真的。如果張蘭說的是真的，那麼李偉說的就是假的，互相矛盾；如果張蘭說的是假的，那麼李偉說的是真的。假設成立。

如果王鑫說的是真的，那麼張蘭、李偉說的都是假的，由張蘭說的是假的，可知李偉說的是真的。互相矛盾。

所以李偉說的是真的，張蘭和王鑫說謊。

051. 互相牽制的僵局

如果甲是誠實的，也就是說甲的回答是正確的，那麼乙也是誠實的，因為乙回答：「丙在說謊。」所以，是丙在說謊。說謊的丙肯定會說謊話：「甲在說謊。」

相反的，如果甲所說的話是謊言，那麼乙也在說謊。因為乙回答說：「是的，丙在說謊。」所以，丙是誠實的。誠實的丙應該回答：「甲在說謊。」也就是說，無論在哪種情況下，丙都會回答：「甲在說謊。」

052. 不同部落間的通婚

A：妻子，誠實部落，阿爾法，部落編號為 66。

B：丈夫，說謊部落，伽馬，部落編號為 44。

C：兒子，貝塔，部落編號為 54。

首先確認 A 是丈夫還是妻子，是誠實部落的還是說謊部落的。

從 A 講的話入手，組合方案有誠實部落的丈夫、說謊部落的丈夫、誠實部落的妻子、說謊部落的妻子和兒子。

如果 A 為誠實部落的丈夫，C 的 2、4 句話不符合條件。

如果 A 為說謊部落的丈夫，B 的 1、3 句話不符合條件。

如果 A 為誠實部落的妻子，B 的 1、3 句話不符合條件。

如果 A 為兒子，A 的 2、3 句話不符合條件。（這裡的不符合條件是指確定的不符合真假話條件。）

所以 A 只能是誠實妻子。

這樣就可以得出結論了。

第二章　說謊問題

第三章　分金問題

　　分金問題又叫海盜賽局，是一個經典的經濟學理論，也是一個非常經典的邏輯題目，主要體現的是博弈思想。博弈，說得通俗一些就是策略，是指在一件事情中的一個「自始至終、通盤籌劃」的可行性方案。

　　海盜賽局的經典問題原文如下。

　　5 個海盜搶到了 100 顆寶石，每一顆寶石大小都一樣且價值連城。他們決定這麼分：

　　抽籤決定自己的號碼（1、2、3、4、5），然後由 1 號提出分配方案讓大家表決，而且僅有當半數或者超過半數的人同意時，才按照他的方案進行分配，否則他將被扔進大海餵鯊魚。如果 1 號死了，就由 2 號提出分配方案，然後剩下的 4 人進行表決，而且僅當半數或者超過半數的人同意時，才按照他的方案進行分配，否則他將被扔進大海餵鯊魚。以此類推。每個海盜都是很聰明的人，都能很理智地判斷，從而做出選擇。那麼，第一個海盜提出怎樣的分配方案才能使自己的收益最大化呢？

　　分析所有這類策略遊戲的奧妙就在於應當從結尾出發倒推回去。當遊戲結束時，你很容易地就知道哪種決策有利而哪種決策不利。確定了這一點後，你就可以把它用到倒數第 2 次決策上，以此類推。如果從遊戲的開頭出發進行分析，那是走不了多遠的。其原因在於，所有的決策都要確定：「如果我這樣做，那麼下一個人會怎樣做？」

　　因此，在你之後的海盜所做的決定對你來說是重要的，而在你之前的海盜所做的決定並不重要，因為你已對這些決定無能為力了。

　　記住了這一點，就可以知道我們的出發點應當是遊戲進行到只剩兩名

海盜——4 號和 5 號海盜的時候。這時 4 號的最佳分配方案是一目瞭然的：100 顆寶石全歸他一人所有，5 號海盜什麼也得不到。由於 4 號自己肯定為這個方案投贊成票，這樣就占了總數的 50%，因此方案獲得通過。

現在再加上 3 號海盜。5 號海盜知道，如果 3 號海盜的方案被否決，那麼最後將只剩 2 個海盜，自己肯定一無所獲。此外，3 號海盜也明白 5 號海盜瞭解這一形勢。因此，只要讓 3 號海盜的分配方案給了 5 號海盜一點好處使他不至於空手而歸，那麼不論 3 號海盜提出什麼樣的分配方案，5 號海盜都將投贊成票。因此，3 號海盜需要分出盡可能少的一點金子來賄賂 5 號海盜，這樣就有了下面的分配方案：3 號海盜分得 99 顆寶石，4 號海盜一無所獲，5 號海盜分得 1 顆寶石。

2 號海盜的策略也差不多。他需要有 50% 的支持票，因此和 3 號海盜一樣也需再找一人當同黨。他可以給同黨的最低賄賂是 1 顆寶石，他可以用這顆寶石來收買 4 號海盜。因為如果自己被否決而 3 號海盜得以通過，那麼 4 號海盜將一無所獲。因此，2 號海盜的分配方案應是：99 顆寶石歸自己，3 號海盜一顆寶石也得不到，4 號海盜得 1 顆寶石，5 號海盜一顆寶石也得不到。

1 號海盜的策略稍有不同。他需要收買兩名海盜，因此至少得用 2 顆寶石來賄賂，才能使自己的方案得到採納。他的分配方案應該是：98 顆寶石歸自己，1 顆寶石給 3 號海盜，1 顆寶石給 5 號海盜。

「海盜賽局」其實是一個高度簡化和抽象的理論，任何「分配者」想讓自己的方案得以通過的關鍵是事先考慮清楚「挑戰者」的分配方案是什麼，並用最小的代價獲取最大收益，拉攏「挑戰者」分配方案中最不得利的人們。

在現實生活中，我們每一個人都無法避免會處在錯綜複雜的利害關係

和多種矛盾的衝突中，人們為了獲得某種結局，往往會制定一系列的致勝策略，即分析對方可能採取的計畫，有針對性地制定自己的克敵計畫，這就是所謂的「知彼知己，百戰不殆」的道理，哪一方的策略更勝一籌，哪一方就會取得最終的勝利。

博弈的目的在於巧妙的策略，而不是解法。研究博弈理論，是經濟學家們的事。我們學習博弈，不是為了享受博弈分析的過程，而在於贏得更好的結局，把博弈中的精髓拿來為我所用，爭取獲得每一次競爭和選擇的勝利。

縱向擴展訓練營

053. 海盜賽局（加強版）

　　10名海盜搶得了窖藏的100塊金子，並打算瓜分這些戰利品。這是一群講「民主」的海盜（當然是他們自己特有的「民主」），他們的習慣是按下面的方式進行分配：最厲害的一名海盜提出分配方案，然後所有的海盜（包括提出方案者本人）就此方案進行表決。如果50%或更多的海盜贊成此方案，此方案就獲得通過並據此分配戰利品；否則，提出方案的海盜將被扔到海裡，然後由下一位提名最厲害的海盜重複上述過程。

　　雖然所有的海盜都樂於看到他們的同伴被扔到海裡，不過如果讓他們選擇，他們還是寧可得到金子，而不願意自己被扔到海裡。所有的海盜都是有理性的，而且知道其他的海盜也是有理性的。此外，沒有兩名海盜是同樣厲害的 —— 這些海盜按照完全由上到下的等級排好了座次，並且每個人都清楚自己和其他所有人的等級。這些金子不能重新分配，也不允許幾名海盜共享金子，因為任何海盜都不相信他的同伴會遵守關於共享金子的安排。這是一群每人都只為自己打算的海盜。

　　最厲害的一名海盜應當提出什麼樣的分配方案才能使自己獲得最多的金子呢？

054. 海盜賽局（超級版）

海盜賽局的問題擴大到有 500 名海盜的情形，即 500 名海盜搶到了窖藏的 100 塊金子，並打算瓜分這些戰利品。這是一群講「民主」的海盜（當然是他們自己特有的「民主」），他們的習慣是按下面的方式進行分配：最厲害的一名海盜提出分配方案，然後所有的海盜（包括提出方案者本人）就此方案進行表決。如果 50% 或更多的海盜贊成此方案，此方案就獲得通過並據此分配戰利品；否則，提出方案的海盜將被扔到海裡，然後由下一位提名最厲害的海盜重複上述過程。

所有的海盜都樂於看到他們的一位同伴被扔到海裡。不過，如果讓他們選擇，他們還是寧可得金子，而不願自己被扔到海裡。所有的海盜都是有理性的，而且知道其他的海盜也是有理性的。此外，沒有兩名海盜是同樣厲害的 —— 這些海盜按照由上到下的等級排好了座次，並且每個人都清楚自己和其他所有人的等級。這些金子不能再次分配，也不允許幾名海盜共享金子，因為任何海盜都不相信他的同伴會遵守關於共享金子的安排。這是一群每人都只為自己打算的海盜。

最厲害的一名海盜應當提出什麼樣的分配方案才能使自己獲得的金子最多呢？

055. 理性的困境

兩人分一筆總額固定的錢，比如 100 元。方法是：一人提出方案，另外一人表決。如果表決的人同意，那麼就按提出的方案來分；如果不同意，兩人將一無所得。比如 A 提出方案，B 表決。如果 A 提的方案是 70：30，即 A 得 70 元，B 得 30 元。如果 B 接受，則 A 得 70 元，B 得 30 元；如果 B 不同意，則兩人將什麼都得不到。

如果叫 A 來分這筆錢，A 會怎樣分？

056. 是否交換

　　某綜藝節目舉行抽獎遊戲。他們準備了兩個信封，裡面有金額不等的錢，分別交給 A、B 兩人。兩人事先不知道信封裡面錢的金額，只知道每個信封裡的金額為 5 元、10 元、20 元、40 元、80 元、160 元中的一個，並且其中一個信封裡的錢是另一個信封裡的 2 倍。也就是說，若 A 拿到的信封中是 20 元，則 B 拿到的信封中或為 10 元，或為 40 元。

　　A、B 拿到信封後，各自查看自己信封中錢的金額，但看不到對方信封中錢的金額。如果現在給他們一個與對方交換的機會，請問，他們如何判斷，是否交換？

057. 是否改變選擇

　　某娛樂節目邀請你去參加一個抽獎活動。有三個信封，讓你挑選其中一個，並且告訴你其中一個信封裡裝著 10,000 元，而另外兩個信封裡裝的都是 100 元。當你選中一個之後，主持人把打開另外兩個信封中的一個，不是 10,000 元。現在，主持人給你一個選擇的機會，你要不要換一個信封呢？

現在我給你一個重新選擇的機會，你要不要和我換一下信封呢？

058. 紐康伯悖論

一天，一個從外星來的超級生物歐米加來到地球。

歐米加帶了一個設備來研究人類的大腦。它可以十分準確地預言每一個人在兩者擇一時會選擇哪一個。

歐米加用兩個大箱子檢驗了很多人。箱子 A 是透明的，總是裝著 1,000 美元；箱子 B 是不透明的，它要不就裝著 100 萬美元，不然就是空著。

歐米加告訴每一個受試者：「你有兩種選擇，一種選擇是你拿走兩個箱子，可以獲得其中的東西。可是，當我預測你會這樣做時，我就讓箱子 B 空著，你就只能得到 1,000 美元。

另一種選擇是只拿箱子 B。如果我預測你會這樣做時，我就在箱子 B 中放進 100 萬美元，你將能得到全部的錢。」

說完，歐米加就離開了，留下了兩個箱子供人選擇。

一個男人決定只拿箱子 B。他的理由是：我已經看見歐米加嘗試了幾百次，每次他都預測對了。凡是拿兩個箱子的人，只能得到 1,000 美元，所以我只拿箱子 B，就會變成百萬富翁。

一個女孩決定拿走兩個箱子。她的理由是：歐米加已經做完了他的預言，並已離開，箱子不會再變了，而且總有一個箱子是有錢的。所以我拿走兩個箱子，就可以得到裡面所有的錢。你認為誰的決定更好？

第三章　分金問題

059. 如何選擇

有一個農夫有兩個兒子，農夫死後，兩個兒子想要瓜分農夫的遺產。小兒子將農夫的遺產平均分成兩份，大兒子說：「這樣吧，我們兩個都是說話算數並很有理性的人。我把遺產分成兩份，你來選，如果你做出了不合理的選擇，那我就在你選擇的那份的基礎上再獎勵你 100 萬元，怎麼樣呢？」小兒子聽了之後，覺得很好，於是就答應了。農夫留下來的遺產共有 10 萬元，大兒子把遺產分成 A 為 0 元，B 為 10 萬元。

請問小兒子應該如何選擇？

060. 聰明的弟子

蘇格拉底的三個弟子曾向他請教這樣一個問題：怎樣才能找到理想的伴侶？

蘇格拉底並沒有正面回答他們，只是讓他們三個人走進麥田，從一邊出發走到另一邊，中途只許前進不許後退。其間他們可以摘取一株麥穗，但僅有一次機會。最後比較一下誰摘的麥穗最大。田地裡的麥穗有大有小，有挺拔飽滿的，也有低矮瘦空的，所以三人必須想好該如何做出自己的選擇。

第一個弟子先走。他想：只有一次機會，那麼一旦看到又大又飽滿的麥穗，我就應該立刻摘取它，這樣絕對不會留下遺憾。這樣想著，沒走幾步，這個弟子就發現一株既大又飽滿的麥穗，於是興奮地將其摘下，心中無比得意。然而好景不長，當他繼續前進時，發現前面有許多比他手中的麥穗更大更飽滿的，但他已經沒有機會了，心情轉瞬間跌到了低谷，只能無奈又遺憾地走完剩下的路程。

輪到第二個弟子時，因為有第一個弟子的前車之鑑，於是他想：麥田裡的麥穗這麼多，一開始看見的肯定不是最好的，後面一定有更好的，所

以我不能急著摘，機會只有一次，要謹慎再謹慎。帶著這樣的想法他也開始了行程。剛開始時，他果然也發現了又大又飽滿的麥穗，但他忍住了沒摘，他相信後面會看見更好的，於是繼續前行。一路上他又發現了不少好的麥穗，他依然沒有下手，每一次他都想，後面會有更好的，不能急，要謹慎。就這樣直到走到田地盡頭他的手中還是空空如也，他已經錯過了所有的好的麥穗，然而卻已經無法回頭了，只好隨手摘了一株普通的麥穗。

第三個弟子最聰明，他看到前兩個人的境況，暗暗決定要吸取他們的教訓。你知道他是如何做的嗎？

061. 少數派遊戲

這個遊戲共有 22 個人參加。這 22 個人集中在一個大廳裡，參加一個叫做「少數派」的遊戲。遊戲規則很有意思：每個人手裡都有一副牌，遊戲組織者會給大家 1 個小時的自由討論時間，然後每個人亮出一張牌。主持人統計紅色牌和黑色牌的數量，並規定數量較少的那一方取勝，而多數派將全部被淘汰。獲勝的選手在 1 小時後進行新一輪的遊戲，依然是少數派勝出。若某次亮牌後雙方人數相等，則該輪遊戲無效，繼續下一輪。遊戲一直進行下去，直到最後只剩下一人或兩人為止（只剩兩人時顯然已無法分出勝負）。所有被淘汰的人都必須繳納罰金，這些罰金將作為獎金分給獲勝者。

這個遊戲有很多用到邏輯的地方，其中最有趣的地方是，簡單的結盟策略將變得徹底無效。如果遊戲是多數人獲勝，那你只要能成功說服其中 11 個人和你一起組隊（並承諾最後將平分獎金），你們 12 個人就可以保證獲勝。但在這個遊戲裡，票數少的那一方是獲勝方，因此這個辦法顯然行不通。如果你是這 22 個參賽者中的其中一個，你會怎麼做呢？

第三章 分金問題

橫向擴展訓練營

062. 蜈蚣賽局的悖論

蜈蚣賽局是由羅森塔爾（Rosenthal）提出的。它是這樣一個賽局：兩個參與者 A、B 輪流進行策略選擇，可供選擇的策略有合作和背叛兩種。假設由 A 先選，然後是 B，接著是 A，如此交替進行。A、B 之間的賽局次數為有限次，比如 10 次。假設這個賽局各自的收益如圖 3－1 所示。

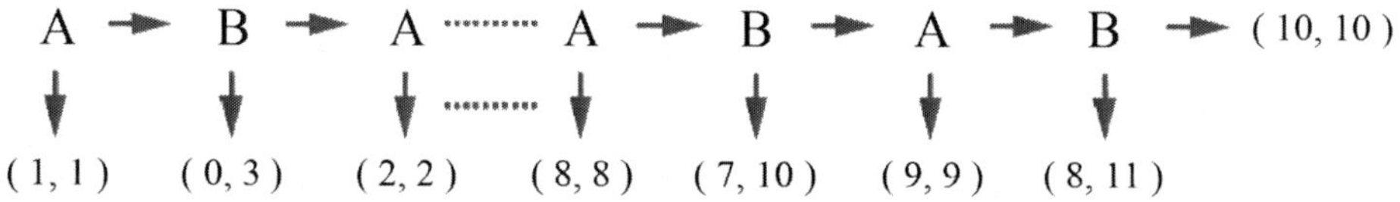

圖　3－1

賽局從左到右進行，橫向箭頭代表合作策略，向下的箭頭代表背叛策略。每個人下面對應的括號代表相應的人採取背叛策略，賽局結束後計算各自的收益，括號內左邊的數字代表 A 的收益，右邊的數字代表 B 的收益。

現在的問題是：A、B 會如何進行策略選擇？

063. 酒吧問題

酒吧問題（Bar problem）是美國人阿瑟提出的。阿瑟是史丹佛大學經濟學系教授，同時是美國著名的聖菲研究所（Santa FeInstitute）的研究人員。他不滿意經濟學中所認為的經濟主體或行動者的行動是建立在演繹推理的基礎之上的，而認為其行動是基於歸納。酒吧問題就是他為了說明這個問題而提出的。

該賽局是：有一群人，比如共有 100 人，每個週末均要決定是去酒吧

活動還是待在家裡。酒吧的容量是有限的，比如空間是有限的或者座位是有限的，如果去的人太多了，去酒吧的人會感到不舒服，此時，他們留在家裡會比去酒吧更舒服。我們假設酒吧的容量是 60 人，或者說座位是 60 個，如果某人預測去酒吧的人數超過 60 人，他的決定是不去；反之則是去。這 100 人如何做出是去還是不去的決策呢？

064. 逆向歸納法賽局

在某個城市假設只有一家房地產開發商 A，我們知道任何沒有競爭的壟斷都會獲得極高的利潤，假設 A 此時每年的壟斷利潤是 10 億元。

現在，有另外一個企業 B 準備從事房地產開發。面對 B 要進入其壟斷的行業，A 想：一旦 B 進入，A 的利潤將會受損很多，因此 B 最好不要進入。所以 A 向 B 表示，如果你想進入，我將阻撓你進入。假設當 B 進入時 A 阻撓，A 的利潤會降低到 2 億元，B 的利潤則是－1 億元；而如果 A 不阻撓，A 的利潤是 4 億元，B 的利潤也是 4 億元。

這是房地產開發商之間的博弈問題。A 的最好結局是「B 不進入」，而 B 的最好結局是「進入而 A 不阻撓」。但是，這兩個最好的結局卻不能同時得到。那麼結果是什麼呢？

A 向 B 發出威脅：如果你進入，我將阻撓；而對 B 來說，如果進入時 A 真的阻撓，它的損失將是－1 億元（假設－1 億元是它的機會成本），當然此時 A 也有損失。對 B 來說，問題是：A 的威脅可信嗎？

065. 將軍的困境

兩個將軍各自帶領自己的部隊埋伏在相距有一定距離的兩座山上等候敵人。將軍 A 得到可靠情報：敵人剛剛到達，沒有防備，如果兩股部隊

一起進攻，就能夠獲得勝利；而如果只有一方進攻，進攻方將會失敗。這是兩個將軍都知道的。但是將軍 A 遇到了一個難題：如何與將軍 B 協同進攻？那時還沒有電話之類的通訊工具，只能透過派情報員來傳遞消息。將軍 A 派遣一個情報員去了將軍 B 那裡，告訴將軍 B：敵人沒有防備，兩軍於黎明一起進攻。然而可能發生的情況是，情報員失蹤或者被敵人抓獲。即將軍 A 雖然派遣情報員向將軍 B 傳達「黎明一起進攻」的資訊，但他不能確定將軍 B 是否收到他的資訊。

還好，情報員順利地回來了，可是將軍 A 又陷入了迷茫：將軍 B 怎麼知道情報員已經回來了？將軍 B 如果不能肯定情報員已回來，他必定不會貿然進攻的。於是將軍 A 又將該情報員派遣到將軍 B 那裡。然而，他仍不能保證這次情報員肯定到了將軍 B 那裡……如果你是這兩位將軍中的一個，你有什麼辦法可以確保兩個將軍一起進攻？

066. 有病的狗

有 50 戶人家，每家有一隻狗。有一天警察通知大家，50 條狗中有病狗，行為和正常狗不一樣。每個人只能透過觀察別人家的狗進行對比來判斷自己家的狗是否生病，而不能看自己的狗。如果判斷出自己家的狗病了以後，就必須當天一槍打死自己家的狗。就這樣，第一天沒有槍聲，第二天沒有槍聲，第三天開始有一陣槍聲。

請問一共死了幾條狗？

每人只能透過觀察別人家的狗進行對比來判斷自己家的狗是否生病……

067. 村口的一排樹

在一個偏僻的山裡，有一個村莊，村裡有 100 家住戶，每家住戶都有一個還沒有結婚的孩子。

在這個村裡已經形成了一個奇特的風俗，孩子的父母如果發現自己的孩子戀愛，就要在當天去村口種一棵樹為孩子許願。當然，父母必須有確切的證據來證明自己的孩子戀愛了。由於害羞，孩子不會主動告訴父母自己戀愛了。其他村民發現某家孩子戀愛了也不會告訴那個孩子的父母，但會在村子裡互相傳遞這一資訊，因此，一個孩子戀愛後，除了其父母不知道，其他村民都知道。

而事實上，村子裡的這 100 家住戶的孩子都戀愛了，但由於村民不會把知道的事實告訴戀愛孩子的父母，因此沒有人去村口種樹。

村子裡有一個輩分很高的老太太，她德高望重，誠實可敬。每個人都向她匯報村裡的情況，因此她對村裡的情況瞭如指掌，她知道每個孩子都戀愛了，當然，其他村民不知道她所知道的。

一天，這位老人說了一句很平常的話：「你們的孩子當中至少有一個已經戀愛了。」於是，村裡發生了這樣一件事情：前 99 天，村裡風平浪靜，但到了第 100 天，所有的父母都去村口種樹了。

請問為什麼會這樣呢？

068. 損壞的瓷器

有兩個出門旅行的女孩，一個網名為「中原一點紅」，一個網名為「沙漠櫻桃」，她們互不認識，各自在京都同一間瓷器店購買了一個一模一樣的瓷器。當她們在桃園國際機場下飛機後，發現託運的瓷器可能由於

運輸途中的意外而遭到損壞，她們隨即向航空公司提出索賠。但由於物品沒有發票等證明價格的憑證，於是航空公司內部評估人員大概估算了這個瓷器價值應該在 1,000 元以內。因為航空公司無法確切地知道該瓷器的價格，於是便分別告訴這兩個女孩，讓她們把該瓷器當時購買的價格寫下來，然後告訴航空公司。

航空公司認為，如果這兩個女孩都是誠實可信的老實人，那麼她們寫下來的價格應該是一樣的；如果不一樣，則必然有人說謊。而說謊的人則是為了能獲得更多的賠償，所以申報價格較低的那個女孩應該更加可信，並會採用較低的那個價格作為賠償金額，此外會給予那個給出更低價格的誠實女孩價值 200 元的獎勵。

如果這兩個女孩都非常聰明，她們最後會寫多少錢呢？

069.分遺產

有一對姐弟，父母過世後留下了一些財物，一共 6 件：冰箱、筆記型電腦、洗衣機、打火機、腳踏車、洗碗機。

他們約定，由姐姐先挑選，但只能拿一樣；然後弟弟再拿，也只能拿一樣，如此循環。實際上，姐弟對這 6 樣東西的偏好程度有不同的排序。

姐姐：1 冰箱－2 筆記型電腦－3 腳踏車－4 洗碗機－5 洗衣機－6 打火機。

弟弟：1 筆記型電腦－2 打火機－3 洗碗機－4 腳踏車－5 冰箱－6 洗衣機。

若兩人誠實地選擇，結果會是什麼？（所謂誠實地選擇，即指每個人選擇時都是從剩下的物品中選擇自己認為價值最高的物品。）

如果姐姐做出策略性選擇，結果會是什麼？（所謂策略性選擇，就是

選擇那些對方認為價值最高的物品，而同時對手又不會拿走自己認為價值最高的物品。）

070. 搶糖果

爸爸出差歸來給孩子帶回一包糖果，正好一共有 100 顆，爸爸讓兩個孩子從這堆糖果中輪流拿糖果，誰能拿到最後一顆糖果則為勝利者，爸爸會獎勵他一個神祕的禮物。當然拿糖果是有一定條件的：每個人每次所拿的糖至少要有 1 顆，但最多不能超過 5 顆。

請問：如果讓弟弟先拿，該拿幾顆？以後他怎麼拿才能保證能得到最後一顆糖果呢？

071. 花瓣遊戲

有一個有意思的小遊戲，兩個人拿著一朵有 13 片花瓣的花，輪流摘去花瓣。一個人一次只可以摘一片花瓣或者相鄰的兩片花瓣，誰摘到最後的那片花瓣誰就是贏家。有一個聰明的小女孩發現，只要使用一種技巧，就可以在這個遊戲中一直獲勝。

請問：這個獲勝的人是先摘的人還是後摘的人？需要使用什麼方法？

斜向擴展訓練營

072. 該怎麼下注

輪盤是一種很簡單的遊戲，在圓盤上標著譬如「奇數」、「偶數」、「3 的倍數」、「5 的倍數」等，只要你猜對了數字，你就可以得到相應倍數的金幣。

在一次遊戲中，已經到了最後決定勝負的關鍵時刻。排名第一位的是周星星先生，他非常幸運地贏了 700 個金幣；排名第二位的是麗莎小姐，她贏了 500 個金幣；其餘的人都已經輸了很多，所以這最後一局就只剩下周星星先生和麗莎小姐一決勝負。

周星星先生還在考慮怎樣才能贏得這次遊戲。如果將手上籌碼的一部分押在「奇數」或者「偶數」上，如果贏了，他的金幣就會變成現在的 2 倍。而這時，麗莎小姐已經把所有的籌碼都押在了「3 的倍數」上，如果能贏，金幣就會變成現在的 3 倍，她就可以贏得 1,500 個金幣，那樣就可能反敗為勝了。

請想一想，如果你是周星星先生，你應該怎麼下注才能確保贏呢？

073. 不會輸的遊戲

有一種遊戲叫做「15 點」。規則很簡單，桌面上畫著三行三列九個方格，上面標有 1～9 九個數字。兩人輪流把硬幣放在 1～9 這九個數字上，誰先放都一樣。誰先把加起來為 15 的 3 個不同數字蓋住，桌上的硬幣就全歸他。

先看一下遊戲的過程：一位參與者先放硬幣，他把硬幣放在 7 上，因

為 7 被蓋住了，其他人就不能再放了。其他一些數字也是如此。莊家把硬幣放在 8 上。參與者把硬幣放在 2 上，這樣他以為下一輪再用一枚硬幣放在 6 上就可以贏了。但莊家卻猜出了他的意圖，把自己的硬幣放在 6 上，堵住了參與者的路。現在，他只要在下一輪把硬幣放在 1 上就可以獲勝。參與者看到這一威脅，便把硬幣放在 1 上。莊家笑嘻嘻地把硬幣放到了 4 上。參與者看到他下次放到 5 上就可以贏了，就不得不再次堵住他的路，把一枚硬幣放在 5 上。但是莊家卻把硬幣放在了 3 上，因為 8 ＋ 4 ＋ 3 ＝ 15，所以他贏了。可憐的參與者輸掉了這 4 枚硬幣。

原來，只要知道了其中的祕密，莊家是絕對不會輸任何一盤的。你知道他是如何做到的嗎？

074. 骰子賭局

有一種遊戲方式很簡單：桌上畫著六個方格，分別標有 1、2、3、4、5、6，參與者可以把錢押在任意 1 個方格作為賭注，錢多錢少隨意。然後莊家擲出 3 個骰子，如果有 1 個骰子的點數是你所押的方格的數字，那麼你就可以拿回你的賭注並從莊家那裡得到與賭注相同數量的錢；如果有兩個骰子的點數與你所押的方格的數字相同，那麼你就可以拿回你的賭注並得到 2 倍於賭注的錢；如果有 3 個骰子的點數都與你所押的方格的數字相同，那麼你就可以拿回你的賭注並得到 3 倍於賭注的錢；當然，如果每個骰子都不是你所押的數字，賭注就會被莊家拿走。

舉例來說，假設你在 6 號方格押了 1 元，如果有 1 個骰子擲出來是 6，你就可以拿回你的 1 元並另外得到 1 元；如果 2 個骰子是 6，你就可以拿回你的 1 元並另外得到 2 元；如果 3 個骰子都是 6，你就可以拿回你的 1 元，另外還可以得到 3 元。

參與者可能會想：我所押的數字被一個骰子擲出的機率是 1/6，因為有 3 個骰子，所以機率為 3/6，也就是 1/2，所以這個遊戲是公平的。

請問：這個遊戲真的公平嗎？如果不公平，那麼是對莊家有利還是對參與者有利呢？收益率是多少？

075. 與魔術師的比賽

一名魔術師邀請一名觀眾一起玩遊戲。他說：「這裡有一個圓盤，我可以將它隨時變大或者變小，還有無數的圓形棋子，我也可以隨時把它們一起變大或者變小。我們輪流拿棋子放到圓盤上，每人放一次，棋子不能重疊，如果輪到哪一個人放棋子時，圓盤上剩餘的空間已經不允許再放一個棋子，他就輸了。」觀眾問：「你要變棋子的大小時，是不是圓盤上的和沒在圓盤上的一起變大或變小？」魔術師說：「是的。而且棋子一定不會大過圓盤。」觀眾選擇第一個先下，魔術師同意了。後來不管魔術師怎麼變化，觀眾還是會贏。即使魔術師耍賴再來一盤，只要觀眾先下，也都會贏。你知道為什麼嗎？

076. 猜紙片

有一個人喜歡玩猜紙片遊戲，規則是：他拿出三張完全相同的紙片，在每張紙片的正、反兩面分別畫上✓、✓；✕、✕；✓、✕。

然後他把這三張紙片交給一個參與者，參與者偷偷選出一張，放在桌子上，如圖3－2所示。他只要看一眼朝上那面，就可以猜出朝下的是什麼標記，如果猜對了，就請對方給他100元；如果猜錯了，他就要給對方100元。

紙片上✓和✕各占總數的一半，也沒有其他任何記號，對雙方應該都是公平的。你覺得他有優勢嗎？

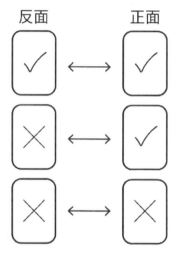

圖　3－2

077. 怎樣取勝

古代戰場上兩軍廝殺，到最後只剩下四個人，其中一個人是甲方的將軍，他力大無窮，武藝超群；另外三個人都是敵方的副將，武藝也都不俗。單打獨鬥，甲方的將軍肯定會獲勝，但是以一個人之力對戰三個人，卻會必死無疑。這時，甲方的將軍突然想到了一個好主意，最終他輕鬆地殺死了三名敵方的副將並取得了勝利。你知道他是怎麼做到的嗎？

078. 罪犯分湯

　　有一個監獄，每個房間關著 8 個犯人。傍晚時，獄卒會在每個房間門口放一桶湯，這就是犯人的晚餐，由房間中的 8 個犯人自己決定如何分湯。有一個房間的人一開始每天輪流派一個人分湯。慢慢的大家發現那個分湯的人總會有些偏心，替自己或者關係比較好的朋友多分一些。於是他們決定改變分湯方式，另外派一個人監督。剛開始的時候效果很好，但過了一段時間後，發現監督的人出現收賄問題，分湯的人會給監督者多分一點湯，監督者就不會再管湯分得是否公平。於是他們又決定輪流監督，但是問題依然存在。後來他們決定成立一個三人的監督小組，湯可以公平分配了，可是每天為了分湯的問題忙得不可開交，等到吃飯的時候湯早就涼了。

　　因為分湯的問題，這個房間的犯人打了好幾次架了，最後，有一個獄卒提出了一個很簡單的方法，讓他們把湯平均分給每個人。其實有的時候，簡單才是最有效的。你能想到這種方法嗎？

079. 檢驗毒酒

一個國王有 1,000 瓶紅酒，並打算在他的六十歲大壽時打開來喝。但是其中一瓶紅酒被人下了毒，凡是有人沾到這瓶紅酒並超過 20 個小時後就會開始出現身體不適並很快死亡（只沾到一滴也會死）。由於國王的大壽就在第二天（假設離宴會開始只有 24 個小時的時間了），就算有千分之一的可能，國王也不想冒險，他要在宴會之前把這瓶有毒的酒找出來，所以，國王就吩咐侍衛用監牢裡的死刑犯來檢驗酒。請問：最少需要多少個死刑犯，才能檢驗出毒酒呢？

080. 杯子測試

一種杯子，若在第 N 層樓被摔碎，則在任何比 N 層高的樓層往下摔均會碎；若在第 M 層樓不碎，則在任何比 M 層低的樓層均不會碎。給你兩個這樣的杯子，讓你在 100 層高的樓層中測試，要求用最少的測試次數找出恰巧會使杯子破碎的樓層，那麼你應該如何做呢？

081. 逃脫的犯人

黑貓警長有一個強勁的對手「飛毛腿」，這隻老鼠奔跑的速度十分驚人，比黑貓警長還要快，幾次都被牠逃脫了。一次偶然的機會，警長發現「飛毛腿」在湖裡划船遊玩，這可是一個很好的機會。這個圓形小湖半徑為 R，「飛毛腿」划船的速度只有黑貓警長在岸上速度的四分之一。警長沿著岸邊奔跑，想抓住要划船上岸的「飛毛腿」。請問這次「飛毛腿」還能不能僥倖逃脫呢？

答案

053. 海盜賽局（加強版）

為了方便起見，我們按照這些海盜的怯懦程度來為他們編號。最怯懦的海盜為 1 號海盜，次怯懦的海盜為 2 號海盜，其他以此類推。這樣一來，最厲害的海盜就應當得到最大的編號，而方案的提出就將倒過來從上而下地進行。

分析所有這類策略遊戲的奧妙就在於應當從結尾出發並倒推回去。當遊戲結束時，就容易知道何種決策有利，何種決策不利。確定了這一點後，就可以把它用到倒數第 2 次決策上，並以此類推。如果從遊戲的開頭出發進行分析，那是走不了多遠的。其原因在於，每個海盜的策略都要確定一點：「如果我這樣做，那麼下一個人會怎樣做？」

因此，在後面的海盜所做的決定對前面的海盜來說是很重要的；而在前面的海盜之前的海盜所做的決定並不重要，因為這些決定已經定形。

記住了這一點，就可以知道推理的出發點應該是遊戲進行到只剩兩名海盜 —— 1 號和 2 號海盜的時候，這時最厲害的海盜是 2 號，而他的最佳分配方案是一目瞭然的：100 塊金子全歸他一人所有，1 號海盜什麼也得不到。他對這個方案肯定會投贊成票，這樣就占了總數的 50%，因此方案獲得通過。

現在加上 3 號海盜。1 號海盜知道，如果 3 號海盜的方案被否決，那麼最後將只剩 2 個海盜，而 1 號海盜將肯定一無所獲；此外，3 號海盜也明白 1 號海盜了解這一形勢。因此，只要 3 號海盜的分配方案給 1 號海盜一點甜頭，使他不致於空手而歸，那麼不論 3 號海盜提出什麼樣的分配方

案，1 號海盜都將投贊成票。因此，3 號海盜只需要分出最少的一點金子來賄賂 1 號海盜，這樣就有了下面的分配方案：3 號海盜分得 99 塊金子，2 號海盜一無所獲，1 號海盜分得 1 塊金子。

4 號海盜的策略也差不多，他需要有 50% 的支持票。因此跟 3 號海盜一樣，他也需再找一人作為同夥。他可以給同夥的最低賄賂是 1 塊金子，而他可以用這塊金子來收買 2 號海盜，因為如果 4 號海盜被否決，而 3 號海盜得以通過，則 2 號海盜將一無所獲。因此，4 號海盜的分配方案應是：99 塊金子歸自己，3 號海盜一塊金子也得不到，2 號海盜得 1 塊金子，1 號海盜也是一塊金子也得不到。

5 號海盜的策略稍有不同，他需要收買另外兩名海盜，因此至少得用 2 塊金子來賄賂，才能使自己的方案得到採納。他的分配方案是：98 塊金子歸自己，1 塊金子給 3 號海盜，1 塊金子給 1 號海盜。

分析過程可以照著上述的思路繼續進行下去。每個分配方案都是確定的，這樣可以使提出該方案的海盜獲得盡可能多的金子，同時又保證該方案肯定能通過。按照這一模式進行下去，10 號海盜提出的方案將是 96 塊金子歸他所有，其他編號為偶數的海盜各得 1 塊金子，而編號為奇數的海盜則什麼也得不到，這就解決了 10 名海盜的金子分配難題。

054. 海盜賽局（超級版）

上題中所述的規律直到第 200 號海盜都是成立的。200 號海盜的方案將是：從 1 ～ 199 號的所有奇數號的海盜都將一無所獲，而從 2 ～ 198 號的所有偶數號海盜將各得 1 塊金子，剩下的 1 塊金子歸 200 號海盜自己所有。

乍看起來，這一論證方法到 200 號之後將不再適用，因為 201 號拿不

出更多的金子來收買其他海盜。但是即使分不到金子，201 號至少仍希望自己不會被扔到海裡，因此他可以這樣分配：給 1 ～ 199 號的所有奇數號海盜每人 1 塊金子，自己一塊金子也不要。

202 號海盜同樣別無選擇，只能一塊金子都不要了 —— 他必須把這 100 塊金子全部用來收買 100 名海盜，而且這 100 名海盜還必須是那些按照 201 號海盜方案將一無所獲的人。

由於這樣的海盜有 101 名，因此 202 號海盜的方案將不再是唯一的 —— 賄賂方案有 101 種。

203 號海盜必須獲得 102 張贊成票，但他顯然沒有足夠的金子去收買 101 名同夥，因此，無論提出什麼樣的分配方案，他都注定會被扔到海裡去餵魚。不過，儘管 203 號海盜命中注定死路一條，但他並不是在遊戲進程中不起任何作用的；相反的，204 號海盜現在知道，203 號海盜為了能保住性命，就必須避免由他自己提出分配方案這一種局面，所以無論 204 號海盜提出什麼樣的方案，203 號海盜都一定會投贊成票，這樣一來，204 號海盜總算僥倖撿到一條命：他可以得到他自己的 1 票、203 號海盜的 1 票，以及另外 100 名收買的海盜的贊成票，剛好達到保命所需的 50%。獲得金子的海盜，必屬於根據 202 號海盜方案肯定將一無所獲的那 101 名海盜之列。

205 號海盜的命運又如何呢？他可真是太走運了，他無法指望 203 號海盜和 204 號海盜支持他的方案，因為如果他們投票反對 205 號海盜的方案，就可以幸災樂禍地看到 205 號海盜被扔到海裡去餵魚，而他們自己的性命卻仍然能夠保全，這樣無論 205 號海盜提出什麼方案都將必死無疑。206 號海盜也是如此 —— 他肯定可以得到 205 號海盜的支持，但這不足以救他一命。類似的，207 號海盜需要 104 張贊成票 —— 除了他收買的 100

張贊成票以及他自己的 1 張贊成票，他還需 3 張贊成票才能免於一死；他可以獲得 205 號海盜和 206 號海盜的支持，但還差一張票卻是無論如何也弄不到了，因此 207 號海盜的命運也是下海餵魚。

208 號海盜又時來運轉了。他需要 104 張贊成票，而 205 號海盜、206 號海盜、207 號海盜都會支持他，加上他自己的 1 票及收買的 100 票，他得以過關保命。獲得他賄賂的必屬於那些根據 204 號海盜的方案肯定將一無所獲的人（候選人包括 2 ～ 200 號中所有偶數號的海盜以及 201 號、203 號、204 號海盜）。

現在可以看出一條新的且此後將一直有效的規律：那些方案能過關的海盜（他們的分配方案全都是把金子用來收買 100 名同夥而自己一點都得不到）相隔的距離越來越遠，而在他們之間的海盜則無論提什麼樣的方案都會被扔進海裡 —— 因此為了保命，他們必會投票支持比他們厲害的海盜提出的任何分配方案。得以避免葬身魚腹的海盜包括 201 號、202 號、204 號、208 號、216 號、232 號、264 號、328 號、456 號，即其號碼等於200 加 2 的某一次方的海盜。

現在我們來看看哪些海盜是獲得賄賂的幸運兒。分配賄賂的方法不是唯一的，其中一種方法是讓 201 號海盜把賄賂分給 1 ～ 199 號的所有奇數編號的海盜，讓 202 號海盜分給 2 ～ 200 號的所有偶數編號的海盜，然後是讓 204 號海盜賄賂奇數編號的海盜，208 號海盜賄賂偶數編號的海盜；其他以此類推，也就是輪流賄賂奇數編號和偶數編號的海盜。

結論是：當 500 名海盜運用最佳策略來瓜分金子時，前 44 名海盜必死無疑，而 456 號海盜則給從 1 ～ 199 號中所有奇數編號的海盜每人分 1塊金子，問題就解決了。由於這些海盜所實行的這種民主制度，他們將事情搞成了最厲害的一批海盜多半都下海餵了魚，不過有時他們也會覺得自

己很幸運 —— 雖然分不到搶來的金子，但總算可以免於一死。只有最怯懦的 200 名海盜有可能分得一份贓物，而他們之中又只有一半的人能真正得到一塊金子，結果是怯懦者繼承財富呀！

055. 理性的困境

A 提方案時要猜測 B 的反應，A 會這麼想：根據理性人的假設，A 無論提出什麼方案給 B —— 除了將 100 元全部留給自己而一點也不給 B 留這樣極端的情況，B 只有接受，因為 B 接受了還有所得，而不接受將一無所獲 —— 當然此時 A 也將一無所獲。此時理性的 A 的方案可以是：留給 B 一點點，比如 1 元，而將 99 元據為己有，即方案是 99：1。B 接受了還會有 1 元，而不接受，將什麼都沒有。

這是根據理性人的假設的結果，而實際則不是這個結果。英國博弈論專家賓默爾做了實驗，發現提方案者傾向於提 50：50，而接受者會傾向於：如果給他的少於 30%，他將拒絕；如果給他的多於 30%，他將不拒絕。

這個博弈反映的是「人是理性的」這樣的假設，但在某些時候存在著與實際不符的情況。

056. 是否交換

先看極端情況。

如果 A、B 有一人拿到 5 元的信封，該人肯定願意交換。

如果 A、B 有一人拿到 160 元的信封，該人肯定不願意交換。

但問題是 A、B 兩個信封是一個組合，假設 A 願意交換，則 B 不一定願意交換，反之亦然。

再看中間情況。

從期望收益來看，假設（A、B）信封組合實際為（20、40）。

假設 A 拿到信封，看到裡面有 20 元，那麼他面對兩種可能，即 B 信封裡或許為 10 元（這樣他不願意交換），或許為 40 元（這樣他願意交換）。但這兩種可能性從機率上來說是均等的，即各為 50%。他若願意交換，則其期望收益為 $10 \times 50\% + 40 \times 50\% = 25$（元），這比他「不願意交換」的所得（信封裡的 20 元）多，因此，理性的 A 應當「願意交換」。

而 B 拿到信封，看到裡面有 40 元，則他面對兩種可能，即 A 信封裡或許為 20 元（這樣他不願意交換），或許為 80 元（這樣他願意交換）。但這兩種可能性從機率上說是均等的，即各為 50%，因此，他若願意交換，則其期望收益為 $20 \times 50\% + 80 \times 50\% = 50$（元），這比他「不交換」的所得（信封裡的 40 元）多，因此，理性的 B 也應當「願意交換」。

057. 是否改變選擇

剛開始的時候，你選中的機會始終都是 1/3，選錯的機會始終都是 2/3，這點是確定的。

當你打開一個 100 元的信封之後，如果堅持選擇那個信封，會出現以下情形。

如果 10,000 元確實是在那個信封裡，那麼不管主持人是否打開那個 100 元的信封，你都一定會中獎，所以機率都是 $1/3 \times 1 = 1/3$。但是如果 10,000 元不在那個信封裡，那麼在主持人打開 100 元的信封後，剩下的那個信封 100% 是那個有 10,000 元的，所以如果你還是堅持選擇那個信封，中獎的機率是 $2/3 \times 0 = 0$。那麼加在一起，你中獎的機率是

1/ 3。

現在假設你改變了決定。

如果 10, 000 元確實是在你選擇的那個信封裡，那麼改選另一個信封，你中獎的機率是 1/ 3× 0 ＝ 0。但是如果你原先猜錯了，那麼在主持人打開 100 元的信封之後，剩下的那個信封 100% 是那個有 10, 000 元的，那樣中獎的機率是 2/ 3× 1 ＝ 2/ 3，因此加在一起，你中獎的機率是 2/ 3。

所以說，在這種情況下只要你改變原先的選擇，中獎的可能性就會翻一倍。

058. 紐康伯悖論

根據題意，無論哪種決定都會推理出矛盾的結論。

這是一個新的悖論，而專家們還不知道如何解決它。

很顯然，在這個問題上可以有兩大派：

➲ 一派主張正確的答案是只要第二個盒子，他們是一盒論者。

➲ 另一派則主張正確的答案是兩個盒子都要，他們是兩盒論者。

在這個問題上，雙方不但需要千方百計地使自己的理論和方法更嚴謹、無漏洞，使自己的主張更具有說服力，而且需要指出對方的錯誤和疏漏。

之所以出現一盒論和兩盒論的爭論，關鍵在於原來設定的問題情境中有許多不確定和模糊的地方，所以爭論雙方都不但需要按照自己的理解用語義分析和有邏輯的方法去消除這種不確定性和模糊性，而且需要找出對方在語義分析和論證中有什麼錯誤之處。

第三章　分金問題

059. 如何選擇

若我們假設選擇 A 為不合理的選擇，則選擇 A 比選擇 B 多 90 萬元，這又使得選擇 A 成為合理的選擇。反之，若選擇 A 是合理的選擇，則選擇 A 將至少比選擇 B 少 10 萬元，因此，選擇 A 又成了不合理的選擇。

所以這是一個兩難悖論，無法選擇。

060. 聰明的弟子

這個聰明的弟子看著廣闊無邊的麥田動起了腦筋：一看到好的麥穗就摘肯定是不可行的，看到好的麥穗總是不摘，期待會有更好的同樣也是不可取的。既然這樣，就必須做一個比較。

麥田很大，可以將其分成三段，走到第一段時可以將其中的麥穗分成大、中、小三類；走到第二段時我要驗證一遍以免出錯；而走到第三段時就可以驗收成果了，只需從大類中找到最大最飽滿的一株麥穗，雖然不一定是整個麥田中最大最飽滿的，但也差不了多少，足以令人滿意了。第三個弟子就是按照他的這個想法實行的，最終愉快地走完了全程。

061. 少數派遊戲

如果能在一小時內成功地找到 7 個相信你的人與你結盟，那恭喜你們隊會百分之百地獲得勝利。在遊戲的第一輪中，你安排本隊 8 個人中的 4 個人亮紅牌，4 個人亮黑牌，因此無論如何，在這一輪中總會有本隊的 4 個人存活下來。在第一輪遊戲的最壞情況是 10：12 勝出，因此存活下來的人中最多還有 6 個不是你們隊的人。在第二輪比賽中，你們隊的 4 個人按之前的戰術安排，讓其中 2 個人亮紅牌，另外 2 個人亮黑牌，因此，這一輪後留下來的人中總有 2 個你們隊的人，最壞情況下還有 2 個別隊的

人。最後一輪中，你們隊 2 個人一個亮紅牌，另一個亮黑牌，這就可以保證獲勝了。只要另外兩個人是未經商量隨機投票的，總會在某個時間點他們倆恰好都投到同一邊去，於是最終的勝出者永遠是你們隊的人。比賽結束後，勝出者按約定與隊伍裡的另外 7 個人平分獎金，完成整個協議。

當然，這是一個充滿欺詐和謊言的遊戲，你無法確定本隊的 7 個人是否都是好人，會不會在拿到獎金之後逃之夭夭。同時，你自己也可以想方設法使自己存活到最後，在拿到獎金以後突然翻臉不認人，使自己的收益最大化。不過，成功騙 7 個人會很容易，但要保證自己能留到最後就很難了。不過，還有一種做法，可以保證你能拿走全部的獎金。當然前提是，你能成功地騙過所有人，讓大家都相信你。

首先，找 7 個人和你一起祕密地組建一支隊伍，把上述策略說給他們聽。其次，再找另外 7 個人和你祕密地組建另一支隊伍，並跟他們也部署好上面所說的必勝策略。現在應該還剩下 7 個人，把剩下的這 7 個人也拉過來，祕密地組建第三支 8 人小隊。現在的情況是，你成功地組建了三支 8 人小隊，讓每個人都堅信自己身在一個將要利用必勝法齊心協力獲獎並平分獎金的隊伍裡。除了你自己之外，大家都不知道還有其他隊伍存在。在第一輪遊戲中，你指示每支隊伍裡包括你自己在內的其中 4 個人亮紅牌，其餘的人都亮黑牌。這樣下來，亮紅牌的有 10 票，亮黑牌的有 12 票，於是你和每支隊伍裡除你之外的另外 3 個人獲勝。

在下一輪遊戲中，你讓每支隊伍裡包括你在內的其中兩人亮紅牌，其他人都亮黑牌，這樣紅牌有 4 票，黑牌有 6 票，你再次勝出。最後，你自己亮紅牌，並叫每個人都亮黑牌，這就保證了自己可以勝出。拿到獎金後，再突然翻臉不認人，背叛所有人，逃之夭夭。

當然，這只是遊戲的方法，現實生活中是不能這樣做的，因為這樣很不道德。

第三章 分金問題

062. 蜈蚣賽局的悖論

如果一開始 A 就選擇背叛，則兩個人各得 1 的收益；而 A 如果選擇合作，則輪到 B 選擇；B 如果選擇背叛，則 A 收益為 0，B 的收益為 3；如果 B 選擇合作，則賽局繼續進行下去。

可以看到每次合作後總收益在不斷增加，合作每繼續一次總收益增加 1，如第一個括號中總收益為 1 ＋ 1 ＝ 2，第二個括號中總收益為 0 ＋ 3 ＝ 3，第三個括號中總收益則為 2 ＋ 2 ＝ 4。

這樣一直下去，直到最後兩個人都得到 10 的收益，整體效益最大。遺憾的是這個圓滿結局很難實現。

大家注意，在圖 3－1 中最後一步由 B 選擇時，B 選擇合作的收益為 10，選擇背叛的收益為 11。根據理性人的假設，B 將選擇背叛，而這時 A 的收益僅為 8。A 考慮到 B 在最後一步將選擇背叛，因此他在前一步將選擇背叛，因為這樣他的收益為 9，比 8 高。B 也考慮到了這一點，所以他也要搶先 A 一步採取背叛策略……如此推導下去，最後的結論是：在第一步 A 將選擇背叛，此時各自的收益為 1，這個結論是令人感到悲哀的。

不難看出，這個結論是不合理的，因為一開始就停止了，A、B 均只能獲得 1，而採取合作性策略則有可能平均獲取 10。當然，A 一開始採取合作性策略有可能獲得 0，但 1 或者 0 和 10 相比實在是很小。直覺告訴我們採取「合作」策略是好的。而從邏輯的角度看，A 一開始應選擇「背叛」的策略。人們在賽局中的真實行動「偏離」了賽局的理論預測，造成兩者間的矛盾和不一致，這就是蜈蚣賽局的悖論。

063. 酒吧問題

每個參與者只能根據以前去的人數的資訊歸納出策略來，沒有其他資訊，他們之間更沒有資訊交流。

這是一個典型的動態博弈問題，這是一群人之間的博弈。如果許多人預測去酒吧的人數多於 60，而決定不去，那麼酒吧的人數將很少，這時候預測就錯了。如果有很大一部分人預測去酒吧的人數少於 60，而去了酒吧，則去的人就很多，多於 60，此時他們的預測也錯了。

因此，一個做出正確預測的人應該能知道其他人是如何做出預測的。但是在這個問題中每個人的預測資訊來源是一樣的，即都是過去的歷史，而每個人都不知道別人如何做出預測，因此，所謂的正確預測是沒有的。每個人只能根據以往歷史「歸納地」做出預測，而無其他辦法。阿瑟教授提出這個問題也是強調在實際中歸納推理對行動的重要性。

因此，對於這樣的博弈的參與者來說，問題是他如何才能歸納出合理的行動策略。

例如，如果前幾週去酒吧的人數如下：

44，76，23，77，45，66，78，22

不同的行動者可能會做出不同的預測，例如，有人預測：下次的人數將是前 4 週的平均數（53）、前一週沒去的人數（78）、或者與前兩週去的人數相同（78）。

透過電腦的模擬實驗，阿瑟得出一個有意思的結果：不同的行動者是根據自己的歸納來行動的，而且去酒吧的人數沒有一個固定的規律。經過一段時間以後，去酒吧的平均人數很快會達到 60，即經過一段時間，這個系統中去與不去的人數之比是 60：40，儘管每個人不會固定地屬於去酒吧

或不去酒吧的人，但這個系統的這個比例是不變的。阿瑟說，預測者會自主地形成一個生態穩定系統。

這就是酒吧問題。對下次去酒吧的確定人數，我們無法做出肯定的預測，這是一個混沌現象。

首先，混沌系統的行為是不可預測的。對於酒吧問題，由於人們根據以往的歷史來預測以後去酒吧的人數。我們假設這個過程是這麼進行的：過去的歷史人數很重要，但過去的歷史可以說是「任意的」，未來就不可能得到一個確定的值。

其次，這是一個非線性過程。所謂非線性過程是，系統未來對初始值有強烈的敏感性。

這就是人們常常說的「蝴蝶效應」：在臺北的一隻蝴蝶搧動了一下翅膀，最後導致美國華盛頓下了一場大暴雨。

在酒吧問題中，同樣有這樣的情況。假如其中一個人對未來的人數做出了一個預測，而決定第 n 天去還是不去酒吧，他的行為反映在下次去酒吧的人數上，這個數目對其他人的預測及第 n ＋ 1 天去和不去的決策造成影響，即第 n ＋ 1 天中去酒吧的人數中含有他第 n 天的決策的影響。而他對第 n ＋ 2 天人數的預測是根據 n ＋ 1 的人數預測的，這樣，他第 n 天的預測及行為給其他人造成的影響反過來又對他第 n ＋ 2 天的行為造成了影響。隨著時間的推移，他的第 n 天的決策效應會越積越多，從而使得整個過程變成不可預測的。

064. 逆向歸納法賽局

B 透過分析得出：A 的威脅是不可信的。原因是：當 B 進入的時候，A 阻撓的收益是 2，而不阻撓的收益是 4，因為 4 ＞ 2，因此理性人是不會

選擇做非理性的事情的。也就是說，一旦 B 進入，A 的最好策略是合作，而不是阻撓。因此，透過分析，B 選擇了進入，而 A 選擇了合作，雙方的收益各為 4。

在這個博弈中，B 採用的方法為逆向歸納法，或者說是倒推法，即當參與者做出決策時，他要透過對最後階段的分析，準確預測對方的行為，從而確定自己的行為。

在這裡，雙方必須都是理性的。如果不滿足這個條件，就無法進行分析。

另外，作為 A，從長遠的利益出發，為了避免以後還有人進入該市場，A 會寧可損失一些，也要對進入者做些懲罰，這樣就會出現其他結果。大家可以繼續深入思考。

065. 將軍的困境

這就是「協同攻擊難題」。糟糕的是，有學者證明，不論這個情報員來回成功地跑多少次，都不能使兩個將軍一起進攻。問題在於，兩個將軍協同攻擊的條件是「於黎明一起進攻」，這是將軍 A、B 之間的公共知識，然而無論情報員跑多少次，都不能夠使 A、B 之間形成這個公共知識。

066. 有病的狗

答案是 3 條病狗。

假設只有 1 條病狗，這條病狗的主人觀察到其他人的狗都是健康的，所以他馬上就能斷定是自己的狗生了病，在當天就能開槍殺死它。

假設有 2 條病狗，主人分別是甲和乙。甲在第一天觀察到了乙的病

狗，所以他無法判斷自己的狗有沒有生病。但是等到第二天的時候，甲發現乙沒有在第一天開槍，說明乙和甲一樣也在第一天觀察到了一條病狗。而甲已經知道除自己和乙以外，其他人的狗都是健康的，所以乙觀察到的病狗肯定是甲自己的那條，這樣，甲在第二天開槍殺死了自己的狗。同樣的推理過程，乙也在第二天殺死了自己的狗。

假設有 3 條病狗，主人分別是甲、乙、丙。甲在第一天觀察到了乙和丙的病狗，他按照剛才的推理過程知道，如果只有那兩隻狗生病，那麼乙和丙會在第二天殺死他們自己的狗。乙和丙也是一樣的推理過程，所以他們三個人在等待另外兩人的槍聲中度過了第二天，結果第二天沒人開槍，他們就知道了另外兩人也各自看到了兩條生病的狗，也就是自己的狗是生病的，這樣一來，三個人在第三天開槍殺死了自己的狗。

這個推理過程可以一直延續，到最後如果 50 條都是病狗，那麼狗的主人們要一直等到第五十天才能確認自己的狗真的生了病。

067. 村口的一排樹

在老太太宣布之後的第一天，如果村裡只有一個孩子戀愛，這個孩子的父母在老太太宣布之後就能知道，因為如果其他孩子戀愛，她應當事先知道，既然不知道並且至少有一個孩子戀愛，那麼肯定是自己的孩子。因此，村裡如果只有一個孩子戀愛，老太太宣布之後，當天這個孩子的父母就會去村口種樹。

如果村裡有兩個孩子戀愛，這兩個孩子的父母第一天都不會懷疑到自己的孩子，因為他們知道另外一個孩子戀愛了。但是當第一天過後他們發現那個孩子的父母沒去村口種樹，那麼他們會想，肯定有兩個孩子戀愛了，否則他們知道的那個戀愛中的孩子的父母在第一天就會去種樹的。既

然有兩個孩子戀愛了，但他們只知道一個，那麼另一個肯定是自己的孩子了。

事實上這個村子裡的 100 個孩子都戀愛了，那麼，這樣推理會繼續到第 99 天。也就是說，前 99 天每個父母都沒懷疑自己的孩子戀愛了，而當第 100 天的時候，每個父母都確定地推理出自己的孩子戀愛了，於是都去村口種樹了。

068. 損壞的瓷器

兩個女孩各自心裡都想，航空公司認為這個瓷器價值在 1,000 元以內，而且如果自己給出的損失價格比另一個人低，就可以額外再得到 200 元，而自己的實際損失是 888 元。

「中原一點紅」又想：航空公司不知道具體價格，那麼「沙漠櫻桃」肯定會認為多報損失就會多得益，只要不超過 1,000 元即可，那麼那個女孩最有可能報的價格是 900 ～ 1,000 元的某一個價格，所以我就報 890 元，這樣航空公司肯定認為我是誠實的好女孩，從而獎勵我 200 元，這樣我實際就可以獲得 1,090 元。而那個女孩因為說謊，就只能拿到 890 元了。

兩人考慮到此就都會寫 890 元。

這時「沙漠櫻桃」也會想：那個「中原一點紅」一看就知道是個精明的人，她應該會想到寫 890 元，我就填原價 888 元。

「中原一點紅」也不會吃虧的。她一想：那個「沙漠櫻桃」肯定已經想到我要寫 890 元了，這樣她很可能會填真實價格，那我要填 880 元，低於真實價格。

「沙漠櫻桃」又想了想，覺得應該再低一點，所以填了 800 元。

我們都知道，計謀的關鍵是要能算得比對手更遠，於是這兩個極其精明的女孩相互算計，最後，她們很可能都會填 689 元。她們都認為，原價是 888 元，而自己填 689 元肯定是最低了，加上獎勵的 200 元，就是 889元，還能賺上 1 元。

最後，航空公司收到她們的申報損失，發現兩個人都填了 689 元。航空公司本來估算的 2,198 元賠償金現在只需賠償 1,378 元就能行。而兩個超級精明的女孩，則各自只能拿到 689 元，還不足以彌補本來瓷器毀損的損失。

069. 分遺產

我們先考慮一種簡單的情況，假如姐姐和弟弟的偏好排序如下的時候。

姐姐：1 冰箱－2 洗衣機－3 腳踏車－4 洗碗機－5 筆記型電腦－6打火機。

弟弟：1 筆記型電腦－2 打火機－3 洗碗機－4 腳踏車－5 冰箱－6洗衣機。

如果誠實地選擇，結果是：姐姐選了冰箱、洗衣機和腳踏車，弟弟選了筆記型電腦、打火機和洗碗機。

姐姐得到了 6 件物品中她認為價值最高的 3 件物品，弟弟同樣得到了他所希望得到的價值在前 3 位的物品。兩人對分配均滿意。這是一個「雙贏」的分配。

這裡所實現的「雙贏」分配，其基礎是：我們假設了他們對不同的物品的估價「差別較大」，或者說不同物品在不同的人那裡其「效用」是不同的。為了分析這裡的分配是雙贏的結果，我們設定他們對每件物品進行

評分，假設滿分為 100 分，姐姐和弟弟分別將這 100 分分配給不同的物品。具體如下。

　　姐姐：1 冰箱 28 分－2 洗衣機 22 分－3 腳踏車 20 分－4 洗碗機 15 分－5 筆記型電腦 10 分－6 打火機 5 分。

　　弟弟：1 筆記型電腦 30 分－2 打火機 25 分－3 洗碗機 20 分－4 腳踏車 15 分－5 冰箱 5 分－6 洗衣機 5 分。

　　這樣一來，姐姐總共得到了 70 分，弟弟得到了 75 分。兩人分配後得到的結果都大大超過了 50 分。也就是說，雖然姐姐的所得為 70 分，弟弟的所得為 75 分，但姐姐不會嫉妒弟弟。如此看來，這樣的分配確實是雙贏的。

　　在上述的分配中，我們假設姐姐和弟弟對不同物品的估價或排序是不同的。如果他們的估價差不多，那情形又將如何呢？

　　假設姐姐和弟弟對不同物品估價後進行的排序如下。

　　姐姐：1 冰箱－2 筆記型電腦－3 腳踏車－4 洗碗機－5 洗衣機－6 打火機。

　　弟弟：1 筆記型電腦－2 打火機－3 洗碗機－4 腳踏車－5 冰箱－6 洗衣機。

　　同樣，由姐姐先選。

　　在這樣的選擇中，如果每個人進行的選擇是誠實的，即每個人在進行選擇時，都是從剩下的物品中選擇自己認為價值最高的物品，那麼結果是：

　　姐姐選擇了冰箱、腳踏車和洗衣機；

　　弟弟選擇了筆記型電腦、打火機和洗碗機。

　　在這個分配中，姐姐獲得了她認為的價值「第一」、「第三」和「第

四」的物品，弟弟獲得了他認為價值「第一」、「第二」和「第六」的物品。

這樣的分配對雙方來說雖然不是最好的結果，但是雙方應該對這個分配結果感到滿意。

在這個例子中，聰明的讀者會想道：如果姐姐第一次不選擇冰箱，而先選擇筆記型電腦，情形會怎樣呢？即姐姐的選擇是有策略性的，而不是誠實的，因為姐姐知道在弟弟那裡筆記型電腦排第一，而冰箱排倒數第二。姐姐就算第一次選擇了筆記型電腦，輪到弟弟選擇時，弟弟也不會選擇冰箱，而會選擇打火機。那樣結果就是：

姐姐選擇了冰箱、筆記型電腦和腳踏車。

弟弟選擇了打火機、洗碗機和洗衣機。

這樣姐姐得到了她認為的最值錢的前三位的東西。而弟弟得到了他認為的「第二」、「第三」及「第六」位價值的物品。

當然，如果弟弟對自己的分配所得的結果不滿意，他同樣可以採取策略性行為。當他看到姐姐採取策略性行為而選擇了筆記型電腦時，輪到他選擇時，他就先選擇冰箱。儘管冰箱在他看來價值最低，但他知道冰箱在姐姐那裡價值最高，當他選擇了冰箱後，他可以用它跟姐姐交換筆記型電腦。這樣一來，情形就比較複雜了。大家不妨自己分析一下此時的結果。

070. 搶糖果

先拿 4 顆，之後哥哥拿 n 顆（$1 \leq n \leq 5$），弟弟就拿 6 － n 顆。如果每一輪都是這樣，就能保證弟弟能得到最後一顆糖果。

（1）我們不妨逆向推理，如果只剩 6 顆糖果，讓哥哥先拿，弟弟一定能拿到第 6 顆糖果。理由是：

➲ 如果哥哥拿 1 顆糖果，弟弟會拿 5 顆糖果。

➲ 如果哥哥拿 2 顆糖果，弟弟會拿 4 顆糖果。

➲ 如果哥哥拿 3 顆糖果，弟弟會拿 3 顆糖果。

➲ 如果哥哥拿 4 顆糖果，弟弟會拿 2 顆糖果。

➲ 如果哥哥拿 5 顆糖果，弟弟會拿 1 顆糖果。

（2）我們再把 100 顆糖果從後向前按組分開，6 顆糖果一組。因為 100 不能被 6 整除，那麼就分成 17 組，第 1 組 4 顆糖果，後 16 組每組 6 顆糖果。

（3）弟弟先把第 1 組的 4 顆糖果拿完；後 16 組每組都讓哥哥先拿，弟弟拿剩下的。這樣弟弟就能拿到第 16 組的最後一顆糖果，即第 100 顆糖果了。

071. 花瓣遊戲

後摘的人可以獲勝。首先，如果先摘的人摘了一片花瓣，那麼後摘的人就在花瓣的另一邊對稱的位置摘去兩片花瓣；如果先摘的人摘了兩片花瓣，那麼後摘的人在花瓣的另一邊摘去一片花瓣，這時還剩下 10 片花瓣，而且被分為相等的兩組，每組 5 片相鄰的花瓣。在之後的摘取中，如果先摘的人摘一片，後摘的人也摘一片；如果先摘的人摘兩片，後摘的人也摘兩片，而且摘的花瓣是另一組中對應的位置，這樣下去，後摘花瓣的人一定可以摘到最後的那片花瓣。

第三章　分金問題

072. 該怎麼下注

跟麗莎小姐一樣，押 500 個金幣在「3 的倍數」上就可以。

基本上只要跟麗莎小姐用同樣的方法下注就可以了。如果麗莎小姐贏了，周星星先生也會得到同樣的報酬，名次不會受到影響；如果麗莎小姐輸了，那就更不會影響到名次了。

事實上周星星先生只要押 401 個以上的金幣，如果贏了，金幣就會在1502 個以上，他仍然是第一名。所以，在這種場合，手裡有較多金幣的人便是贏家。

073. 不會輸的遊戲

要明白「15 點」遊戲的道理，其訣竅在於看出它在數學上是等價於「井」字遊戲的。

使人感到驚奇的是，該等價關係是建立在著名的 3×3 魔術方塊（也就是九宮格）的基礎上的，而 3×3 魔術方塊在古代就已經發現。要瞭解這種魔術方塊的妙處，先列出其和均等於 15 的所有 3 個數字的組合（不能有兩個相同數字，不能有零）。這樣的組合只有 8 組。

$1 + 5 + 9 = 15$

$1 + 6 + 8 = 15$

$2 + 4 + 9 = 15$

$2 + 5 + 8 = 15$

$2 + 6 + 7 = 15$

$3 + 4 + 8 = 15$

$3 + 5 + 7 = 15$

4 ＋ 5 ＋ 6 ＝ 15

現在我們仔細觀察一下圖 3－3 這個獨特的 3× 3 魔術方塊。

應當注意的是，這裡有 8 組元素，8 組都在 8 條直線上：三行、三列、兩條主對角線。

每條直線等同於 8 組 3 個數字（它們加起來是 15）中的一組。因此，在遊戲中每組獲勝的 3 個數字，都由某一行、某一列或某條對角線在方陣上代表。

很明顯，每一次遊戲和在方陣上玩「井」字遊戲是一樣的。莊家在一張卡片上畫上這個魔術方塊圖，把它放在遊戲臺下面，只有他能看到。在進行「15 點」遊戲時，莊家暗自在玩卡片上的「井」字遊戲。玩這種遊戲是絕不會輸的，假如雙方都正確無誤地進行，最後就會出現和局。然而，被拉進遊戲的人總是處於不利的地位，因為他們沒有掌握「井」字遊戲的祕訣。因此，莊家很容易設置埋伏，讓自己輕鬆獲勝。

2	9	4
7	5	3
6	1	8

圖　3－3

074. 骰子賭局

3 個骰子可以擲出來的結果有 6× 6× 6 ＝ 216（種），它們的可能性均等，任取一個數字，例如 1，出現一個 1 的可能性為 3×（1/6）×（5/6）×（5/6）＝ 75/ 216，出現兩個 1 的可能性為 3×（1/6）×（1/6）

× （5/ 6）＝ 15/ 216，出現三個 1 的可能性為（1/ 6）×（1/ 6）×（1/ 6）＝ 1/ 216，所以在 216 次中贏的機率為 91/ 216，輸的機率是 125/ 216。因為每次得到的錢不一樣，也就是說有 75 次贏 1 元，15 次贏 2 元，1 次贏 3 元，一共可以贏 75 ＋ 30 ＋ 3 ＝ 108（元），則將要輸掉 125 元。所以賭局是對莊家有利的，莊家的收益率是（125 － 108）÷ 216 ≈ 7. 9%。

075. 與魔術師的比賽

策略是這樣的，觀眾先把第一顆棋子放在圓盤的正中央，然後他再放棋子時，棋子總是以圓盤為中心和魔術師放的棋子對稱，這樣，觀眾總是有地方放棋子，直到魔術師無法再往圓盤上放，不管盤子和棋子多大或多小都一樣。

076. 猜紙片

有優勢。

假設朝上的是√，朝下的是√或╳的機會並不是 1/ 2。

朝下的是√的機會有兩個：一個是第一張卡片的正面朝上時，另一個是第一張卡片的反面朝上時。但朝下的是╳的機會，只有當第二張卡片正面朝上的時候，也就是說，只要回答朝上那面的圖案，他就有 2/ 3 的機會贏。

077. 怎樣取勝

甲方的將軍先是撒腿就跑，這樣敵方的三個人馬上開始追趕。但是每個人跑的速度都不同，一段時間之後，三個人就拉開了一段距離，這樣甲方的將軍就有機會將他們各別擊敗，戰勝他們。

078. 罪犯分湯

先由分湯的罪犯把湯分成 8 份，剩下的 7 個人先選擇，最後剩下的那一份留給分湯的犯人，這樣分湯的犯人為了自己，就必須把湯公平地分平均。

079. 檢驗毒酒

最少 10 個人就夠了。

把 10 個人編號為 1 ～ 10；再把 1,000 瓶酒用二進位編號，分別為 0000000000、0000000001、……、1111111111，一共有 1,024 種組法。把每種組法對應一瓶酒，編好 1,000 瓶酒。酒的編號中第幾位為 1，就把該酒餵給第幾個人，最後看死了哪幾個人，便可以判斷出哪瓶酒有毒了。

080. 杯子測試

如果只有一個杯子，我們想找出恰巧會使杯子破碎的樓層，只能從第一層開始一層層往上嘗試，直到這個杯子在某一層掉下去後摔碎為止。最糟的情況下，我們需要試 100 次（目標樓層是第 100 層）。

現在我們有兩個杯子，就可以先用第一個杯子跳著樓層嘗試，確定出「恰巧會使杯子破碎的樓層」的大概範圍，再在這個範圍裡用第二個杯子從小到大地一層層嘗試，直到找到目標樓層。

比如說，我們用第一個杯子從第 20 層開始嘗試，然後是第 40 層、第 60 層，直到在第 80 層的時候摔碎了，這就確定了目標樓層在第 61 層到第 80 層中。然後我們再用第二個杯子從 61 層開始一層一層地嘗試，直到在其中某一層摔碎。如果用這種方式，最差情況下需要嘗試 24 次（目標樓層是第 99 層或第 100 層）。

　　但如果我們換一種方式挑選第一個杯子嘗試的樓層，最終結果就會不一樣。比如說，我們從第 10 層開始每隔 10 層嘗試一次，最糟的情況下只需嘗試 19 次（目標樓層是第 99 層）。所以我們的目標是找出最佳的用第一個杯子嘗試的樓層挑選方案，使得最糟的情況下的嘗試次數最少。

　　為了方便理解，我們把總樓層減少到 9 層，用一個方塊表示一個樓層，把第一個杯子嘗試的樓層分組橫向放在一起。比如我們第一個杯子的嘗試方案如果是「3、6、8」，九個格子就如圖 3－4 所示這樣排列。

　　於是我們先在第 3 層嘗試第一個杯子的時候，就相當於在確認目標樓層是否在上圖的最下一行裡。如果第一個杯子碎了，就用第二個杯子在圖 3－4 最下一行裡從左到右進行嘗試；如果沒碎，接著從圖 3－4 中由下往上嘗試第 6 層、第 8 層……直到確認目標樓層所在的行，並用第二個杯子在此行從左往右嘗試。

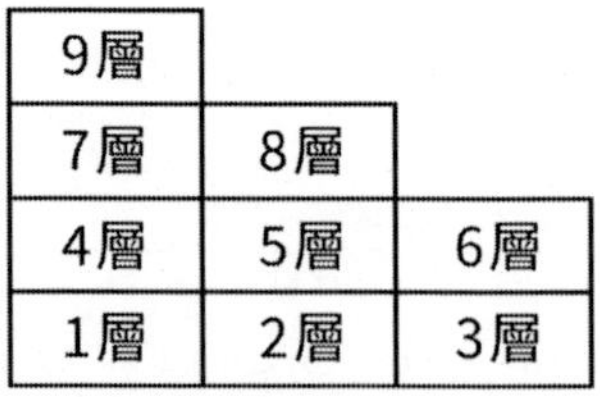

9層		
7層	8層	
4層	5層	6層
1層	2層	3層

圖　3－4

　　那麼在這個方案中，如果目標樓層是第 5 層，我們需要嘗試幾次？第一個杯子先嘗試過第 3 層沒碎，再嘗試第 6 層碎了，說明目標樓層在圖 3－4 中的倒數第二行裡。於是用第二個杯子從左往右先試第 4 層沒碎，再嘗試第 5 層碎了，找到目標樓層。這樣共嘗試了 4 次。

　　我們把每層樓如果是目標樓層的話需要嘗試的次數填到圖 3－4 中，得到圖 3－5。

4次		
4次	4次	
3次	4次	4次
2次	3次	3次

圖　3－5

最糟的情況下需要嘗試 4 次，而且其中的規律很明顯，從左下角的方格開始橫向或縱向移動到某一個方格需要的步數加 2（如果是最右邊的方格就加 1），就是此方格裡的數字。

如果現在有 10 層樓，我們肯定會把多出來的方格放到圖 3－5 的最右下角，變成一個橫縱都是四格的三角形，如圖 3－6 所示。

最糟的情況下仍然只需嘗試 4 次。

第10層4次			
第8層4次	第9層4次		
第5層3次	第6層4次	第7層4次	
第1層2次	第2層3次	第3層4次	第4層4次

圖　3－6

所以 11～15 層的情況就是在圖 3－6 的每一行往右加一格，直到變成橫縱都是五格的三角形。以此類推，題中一共有 100 層，我們需要一個橫縱十三格的三角形共 91 個格子，剩下的 9 個格子分散在其中的九行中。

因此，可以得出結論：最糟的情況下需要嘗試 14 次，並且有不止一種嘗試方案〔實際有 C（9，13）＝ 715（種）方案〕。比如，第一個杯子由小到大嘗試 13、25、36、46、56、65、73、80、86、91、95、98、100層，直到第一個杯子在某一層摔碎；再用第二個杯子在第一個杯子最後一

117

次沒摔碎的樓層往上開始嘗試，直到在某一層第二個杯子摔碎，這一層就是我們要找的「恰巧會使杯子破碎的樓層」。

題目可歸結為求自然數列的和 S 什麼時候大於等於 100，解得 n ＞ 13。

081. 逃脫的犯人

「飛毛腿」可以逃脫。

若是「飛毛腿」將船划向黑貓警長所在岸的對稱方向，那麼牠要行進的距離為 R，黑貓警長要行進的距離為 3.14R，因為「飛毛腿」划船的速度是黑貓警長奔跑速度的 1/4，所以牠在划到岸邊之前黑貓警長就能趕到，這種方法行不通。

正確的方法是：「飛毛腿」把船划到略小於 1/4 圓半徑的地方，比如說 0.24R。然後以湖的中心為圓心，做順時針划行。在這種情況下，「飛毛腿」的角速度大於在岸上的黑貓警長能達到的最大角速度。這樣划下去，牠就可以在某一個時刻，處於離黑貓警長最遠的地方，也就是和黑貓警長在一條直徑上，並且在圓心的兩邊。然後「飛毛腿」把船向岸邊划，這時牠離岸邊的距離為 0.76R，而黑貓警長要跑的距離為 3.14R。由於 4×0.76R ＜ 3.14R，所以「飛毛腿」可以在黑貓警長趕到之前上岸，並用最快的速度逃脫。

第四章　渡河問題

渡河問題也叫過橋問題，是一個非常古老且流傳甚廣的經典邏輯問題。

其中一個經典問題的原文如下。

有個人帶著一匹狼、一隻羊和一捆草過河，可是河上沒有橋，只有一艘小船。由於船太小，一次只能帶過去一樣。可是當他不在場的時候，狼會咬羊，羊會吃草。如何做才能使羊不被狼吃，草不被羊吃，而全部渡過小河呢？

答案是這樣的：首先人帶著羊過河，然後放下羊空手返回，帶著狼過河；接著把羊帶回去，帶草過河；最後再返回接羊。這樣就可以全部安全過河了。

渡河問題還有許多其他形式，所帶的物品也各不相同，但相同的是每次攜帶的數量有限，而且在人不在的時候，留在同一岸邊的物品間存在著不相容的關係。如何在滿足條件的基礎上順利過河，就成了處理這類問題的關鍵。

一般來說，這些攜帶的物品中都會有一個中間過渡的物品，只要把這個過渡物品經常隨身攜帶，就可以最大限度地減少不相容的情況發生。

這類問題對鍛鍊我們的調度能力，以及生活中的時間和工作安排等方面，都有很大的啟發與指導作用，可不要輕視它喔！

縱向擴展訓練營

082. 走獨木橋

老李帶著一隻狗、一隻貓和一筐魚要過獨木橋，由於狗和貓不敢過，老李要抱著牠們過去。為了自身的安全，一次只能帶一樣東西過橋。但是當老李不在的時候，狗會咬貓，貓會吃魚。

請問：老李怎麼做才能把三樣東西都帶過河？

083. 過河

兩個女兒、兩個兒子、一個爸爸、一個媽媽、一個警察、一個罪犯，他們要過一條河，河上只有一艘小船，小船每次只能乘坐兩個人，其中只有爸爸、媽媽和警察會划船。

而且當媽媽不在的時候，爸爸會打女兒；爸爸不在的時候，媽媽會打兒子；而罪犯只要警察不在，誰都會打。

請問：他們怎樣才能安全過河？

084. 狼牛齊過河

前提：在河的任何一岸，只要狼的個數超過牛的個數，那麼牛就會被狼殺死吃掉；而狼的個數若等於或者少於牛的個數，則沒事。現在有三隻狼和三頭牛要過河，只有一艘船。一次只能讓兩個動物搭船過河。請問：如何才能讓所有的動物都安全過河？

085. 動物過河

大老虎、小老虎、大獅子、小獅子、大熊、小熊要過一條河，其中任何一種小動物缺少了自己同類的大動物保護，都會被別的大動物吃掉。6 隻動物中，只有大老虎、小老虎、大獅子、大熊會划船，但現在只有一艘船，且一次只能坐 2 隻，那麼要怎樣才能保證 6 隻動物順利到達彼岸而不被吃掉？

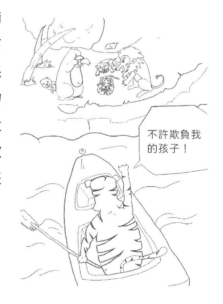

不許欺負我的孩子！

086. 觸礁

一天，一艘輪船觸礁了，大約有 25 分鐘就會沉沒。輪船備有一艘可以載 5 人的皮划艇，從沉船到最近的小島需要 4 分鐘的時間。請問：最多可以有幾個人被救？

087. 急中生智

有個農民挑了一對竹筐，要到市場買東西。當他來到一座獨木橋上時，對面來了一個孩子，他想退回去讓孩子先過橋，但是轉身一看，後面也來了一個孩子。正在他進退兩難之際，農民急中生智，想了個巧妙的辦法，使大家都順利地通過了獨木橋，而且三人之中誰也沒有後退過一步。請問：農民用的是什麼方法？

088. 擺渡

有 12 個人要過河，河邊只有一艘能夠載 3 個人的小船。請問：這 12 個人都過河，需要渡幾次？

089. 巧過關卡

第二次世界大戰爆發後，德軍對猶太人的迫害達到頂點。喬安娜那時 6 歲，一家人想要逃出柏林，她爸爸託人拿到了一張通行證。一家 4 人來到了位於柏林城外一個獨木橋上的關卡，上面貼了告示，規定：一張通行證最多可以帶兩個人出入，且不記名也可重複使用。爸爸算了一下：爸爸單獨走過獨木橋需要 2 分鐘，媽媽需要 4 分鐘，喬安娜需要 8 分鐘，奶奶需要 10 分鐘。每次兩個人出關卡，還需要有人把通行證拿回來。但是還有 24 分鐘，城裡的追兵就要追上來了。請問：他們能逃脫嗎？

橫向擴展訓練營

090. 錯車

　　有兩列火車，都是一個車頭帶著 40 節車廂。它們從相對的兩個方向同時進入一個車站。這個車站很小，只有一條軌道，還有一條不長的岔道，可以停一個車頭和 20 節車廂。現在為了讓兩列火車都可以按原方向向前行駛，需要利用這個岔道錯車。你知道該怎麼做才能把兩列火車錯開嗎？（火車各節車廂之間可以打開，但必須有車頭牽引才能移動。）

091. 環島旅行

　　大富豪陳伯買了一座小島，他在島上建了一座碼頭，並買了兩艘一樣的遊艇，想乘坐它們環島旅行。可是這種遊艇比較費油，它能攜帶的燃料只夠遊艇航行 120 公里，而陳伯的小島周長是 200 公里，陳伯想用這兩艘遊艇相互加燃料的方法環島旅行。請問：他該怎麼做呢？（最後遊艇必須返回碼頭。）

092. 連通裝置

　　圖 4－1 所示為一個用導管相互連通的裝置，這個裝置共有 5 個水槽，其中 4 個裝有 4 種不同的液體，分別是酒、油、水、奶，還有一個水槽空著。水槽之間有一些導管相連，可以打開和關閉。現在需要把 4 種液體換一下位置，使 A、B、C、D 槽中分別是奶、水、油、酒。請問該如何做？

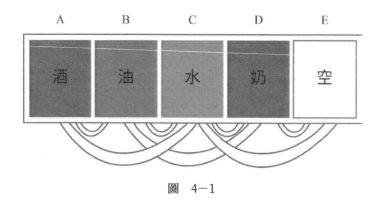

圖　4－1

093.小明搬家

　　小明家有 6 個房間，分別放著辦公桌、床、酒櫃、書架和鋼琴，如圖 4－2 所示。小明想把鋼琴和書架換個位置，但是房間太小，任何一個房間都無法放入兩個家具，只有利用那個空房間才能把這些家具移動位置。請問：小明需要幾次才能把鋼琴和書架的位置調換呢？

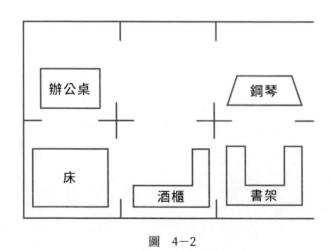

圖　4－2

094. 一艘小船

漁民一家有 3 個人，爸爸、媽媽和兒子，3 個人都有可能出海，家中只有一艘船。平時為了防止船丟失，會用一條鐵鏈把船鎖在岸邊的一根柱子上。現在家裡的 3 個人每個人有一把 U 形鎖，且每把鎖都只有一把鑰匙。請問：3 個人該如何鎖船才能確保他們都可以單獨打開和鎖上這艘船呢？

095. 取黑白球

甲盒中放有 P 個白球和 Q 個黑球，乙盒中放有足夠的黑球。每次從甲盒中任取兩個球放在外面。當被取出的兩個球同色時，需再從乙盒中取一個黑球放回甲盒；當取出的兩個球不同色時，需將取出的白球再放回甲盒；最後，甲盒中只剩兩個球。請問：剩下一黑球一白球的機率有多大？

096. 聰明的豆豆

豆豆要從 A 地運貨物到 B 地，路上有數不清的關卡，都要向他徵稅。不過由於是在同一個國家，徵稅的標準是一定的：每過一個關卡就要繳納貨物的一半作為關稅，但關卡會再退回 1 公斤的該貨物。即使有這麼苛刻的稅收了，路上隨時還有軍隊增設關卡。為了保證貨物能足量運到目的地，很多商人都會拉著足夠多的貨物才上路。不過豆豆想了個辦法，從 A 地到了 B 地，經過 15 個關卡後，卻一點貨物也沒有失去，你知道是為什麼嗎？

097. 關卡徵稅

有一個商人從巴黎運蘋果到柏林去賣，剛剛離開巴黎的時候，他用一輛馬車拉著這些蘋果。一會兒就到了一個關卡，稅務官對他說：「現在德法兩國正在打仗，稅收比較高，需要徵繳所有蘋果的 2/3。」商人無奈，只好按規定給了足夠的蘋果數。交完稅之後，納稅官又從商人剩下的蘋果中拿了一公斤，放進了自己的腰包。

商人很生氣，但是又無可奈何，只能接著往前走。沒走多遠，又到了一個關卡，同樣這個關卡的稅務官又從他的車上拿了 2/3 的蘋果，外加一公斤。之後，商人又經過了 3 個關卡，繳納了同樣的稅和每個徵稅官自取的一公斤蘋果。終於到了柏林，商人把自己的遭遇告訴了妻子，並把最後一公斤蘋果給了她。

你能幫商人的妻子算一算，商人從巴黎出發時，車上有多少公斤蘋果嗎？

098. 逃避關稅

美國海關已有數百年的歷史，想要策劃逃避海關管理條例，簡直比登天還難，但有一個進口商卻明知山有虎，偏向虎山行。

在當時，進口法國女式皮手套得繳納高額進口稅，因此，這種手套在美國的售價特別昂貴。那個進口商去到法國，買下了 10,000 副最昂貴的皮手套。隨後，他仔細地把每副手套都一分為二，將其中 10,000 隻左手手套寄送到美國。

進口商一直不去提取這批貨物，他讓貨物留在海關，直到過了提貨期限。凡遇到這種情況，海關會將此貨品作為無主貨物拍賣處理，於是，這 10,000 隻法國的左手手套全都被拿出來拍賣了。由於一整批左手手套毫無價值，這樁生意的投標人只有一個，就是那位進口商的代理人，他只出了一筆很少的錢就把它們全部買了下來。

這時，海關當局意識到了其中的蹊蹺。他們告知下屬：務必嚴加注意，一定還會有一批右手手套要入關，一定要將其扣押。

請問：進口商該用什麼辦法得到剩餘的 10,000 隻手套呢？

099. 哪種方式更快

有個母親想要進城看正在讀書的兒子，她知道每天有一輛公共汽車會經過自己所在的村子進城。她有下面幾種選擇：早上起來迎著公共汽車來的方向走，遇到公共汽車坐上去；在村口一直等公共汽車到來；往城裡的方向走，公共汽車追上她的時候她就坐上。請問：

三種方法中的哪一種可以讓她更快地到達城裡呢？

斜向擴展訓練營

100. 搭橋

小明家門前有一條小河，呈直角形（如圖所示），河寬 3 公尺，小明想要去河的對面，但是家裡只有兩塊正好也是 3 公尺長的木板，手中又沒有其他工具可以將這兩塊木板接起來。

請問：小明怎樣才能過這條河呢？

101. 小孩過河

在北方的一個小鎮上，有一個 5 歲的小男孩，在端午節這天，他想去一條 2 公尺寬的河對岸的同學家玩，可是河上沒有橋，小孩也跳不過去。也就是說，憑他自己的力量是不可能過去的。可是為什麼才僅僅過了幾個月，他就能輕輕鬆鬆地過河了呢？

102. 不會游泳

有一個人想渡河，他看到河邊有很多船夫等著，就問他們：「哪位會游泳？」船夫都圍上來，紛紛搶著回答：「我會游泳，客人坐我的船吧！」「我水性最好，坐我的船最安全了！」

其中只有一位船夫沒有過來，只站在一旁看著，要過河的那人就走過去問：「你會游泳嗎？」

那個船夫不好意思地回答：「對不起客人，我不會游泳。」

誰知要過河的那人卻高興地說道：「那正好，我就坐你的船！」

其他船夫非常不滿，就問：「他不會游泳，萬一船翻了，不就沒人能救你了嗎？」

請問：你知道渡河的人是怎麼說的嗎？

103. 橋的承受能力

一名雜技演員要去表演節目，路上要經過一座小橋。小橋只能承受100 公斤的重量，而雜技演員的體重為 80 公斤，他還帶著 3 個各重 10 公斤的鐵球。總重量明顯比橋的承受能力要重，該怎麼辦呢？雜技演員靈機一動，想出了一個好辦法。他把 3 個球輪流拋向空中，這樣時時刻刻總有一個球在空中，那麼他就可以順利地過橋了。請問：如果這樣做，橋能支撐得住嗎？

小於100公斤

104. 牧童的計謀

有一個農夫，想要自己蓋一座房子，就到遠處拉石材，他趕著一架牛車。他知道自己的重量是 75 公斤，這頭牛大概有 400 公斤，車子有 50 公斤。路上要經過一座橋梁，橋頭立著一塊石碑，上面醒目地寫著這座橋的最大載重量是 650 公斤。去的時候他並沒有在意，雖然車子經過時，橋有點搖晃不穩的。回程時，他拉了 250 公斤的石材，走到橋頭時卻呆住了，

如果就這樣過去，橋一定會被壓塌的，怎麼辦呢？就在他一籌莫展的時候，過路的一個牧童給他出了一個主意。按照牧童的想法，牛車竟然順利地過了這座橋，石材也安全地運到了家。

請問：牧童是如何讓牛車和石材順利地通過橋梁的呢？

105. 天堂還是地獄

假設天堂和地獄在某個祕密的角落裡是相連的，這個通道是上帝與撒旦約定交換特殊靈魂的地方。大家都知道通過這個通道從地獄到天堂和從天堂到地獄的時間都是一樣的：16 分鐘 —— 大家把這稱為「黃金 16 分鐘」，如果有哪個靈魂從地獄升到了天堂，那他就可以享受天堂的快樂；而如果某個靈魂不小心從天堂掉進了地獄，就會到地獄受苦。為了避免這種事情發生，上帝在這個通道口安排了看守人，由於這個工作很無聊，上帝允許這個看守人每 9 分鐘看一眼通道就行，如果發現有靈魂出沒，就命令他回去。在這個嚴苛的制度下，沒有靈魂能來回出入。但傳說有一個靈魂從地獄溜到了天堂，你能想像出他是怎麼做到的嗎？

106. 如何通過

一艘船順水而下，在要通過一個橋洞時，發現貨物比橋洞高出約 1 公分，需要卸掉一些貨物才能通過。無奈貨物是整裝的，一時無法卸下。

請問：有什麼辦法能夠不卸貨物，而使船通過呢？

答案

082. 走獨木橋

老李先抱著貓過河，然後回來把狗帶過去；再回來的時候把貓帶回來，放在原地；然後把魚帶過去；最後再回來帶貓，這樣就可以安全過河了。

083. 過河

警察與罪犯先過河，警察返回。

警察與兒子 1 過河，警察與罪犯返回。

爸爸與兒子 2 過河，爸爸返回。

爸爸與媽媽過河，媽媽返回。

警察與罪犯過河，爸爸返回。

爸爸與媽媽過河，媽媽返回。

媽媽與女兒 1 過河，警察與罪犯返回。

警察與女兒 2 過河，警察返回。

警察與罪犯過河，成功！

084. 狼牛齊過河

兩隻狼過河，一隻狼返回。

兩頭牛過河，一狼一牛返回。

兩頭牛過河，一隻狼返回。

最後剩下的都是狼了，就可以隨便過河了。

085. 動物過河

大老虎、小老虎、大獅子、小獅子、大熊、小熊用字母表示，分別為 A、a、B、b、C、c，其中 A、a、B、C 會划船。

ab 一起過河，a 划船返回，對岸有 b。

ac 一起過河，a 划船返回，對岸有 bc。

BC 一起過河，Bb 划船返回，對岸有 Cc。

Aa 一起過河，Cc 划船返回，對岸有 Aa。

BC 一起過河，a 划船返回，對岸有 ABC。

ab 一起過河，a 划船返回，對岸有 ABbC。

ac 一起過河，對岸有 AaBbCc。

086. 觸礁

船可以救人 4 次，只有第一次救 5 人，因為需要有人划船，所以第二次、第三次和第四次，每次只能救 4 人，一共為 5 ＋ 4 ＋ 4 ＋ 4 ＝ 17（人）。

087. 急中生智

讓兩個孩子分別坐在一個竹筐裡，然後這個農民把竹筐前後調轉一下，這樣兩個孩子位置就換過來了，誰也不用後退了。

088. 擺渡

6 次。相當於一個船夫和 11 個顧客。

089. 巧過關卡

能逃脫。爸爸和媽媽先過去，爸爸再回來，用了 6 分鐘。喬安娜和奶奶過去，需要 10 分鐘；媽媽再拿通行證回來，用去 4 分鐘；然後爸爸和媽媽再出關卡，又是 4 分鐘。一共 24 分鐘，順利出關卡。

090. 錯車

假設兩列火車分別為甲和乙。甲車先停下來，分出 20 節車廂，然後車頭帶著 20 節車廂駛入岔道。再把 20 節車廂放在岔道，甲車頭回去取路上停的 20 節車廂，原地待命。此時，乙車帶著自己的 40 節車廂駛過岔道，與岔道處放置的 20 節車廂連在一起，把 60 節車廂拉到路上，然後退回自己原來的位置。這時，甲車帶著 20 節車廂駛入岔道，讓乙車帶著 60 節車廂通過岔道，扔下甲車的 20 節車廂，繼續前行。最後甲車駛出岔道，倒退到被扔下的 20 節車廂位置，帶上它們就可以繼續前進了。

091. 環島旅行

先讓兩艘遊艇都裝滿燃料，同時向一個方向航行，航行到 40 公里處的時候，把一艘遊艇上剩餘的燃料的一半（也就是行駛 40 公里所用的燃料）交給另一艘遊艇，然後自己用剩餘的燃料返回碼頭；另一艘遊艇繼續航行 120 公里直到沒油。剛才回到碼頭的遊艇裝滿油後，從相反方向去接另一艘遊艇，在 40 公里處遇到，把遊艇上剩餘的燃料的一半（也就是行駛 40 公里所用的燃料）交給另一艘遊艇，然後兩艘遊艇同時返回碼頭即可。

092. 連通裝置

需要 10 步：①把奶倒入 E 中；②油倒入 D 中；③酒倒入 B 中；④水倒入 A 中；⑤奶倒入 C 中；⑥油倒入 E 中；⑦酒倒入 D 中；⑧水倒入 B 中；⑨奶倒入 A 中；⑩油倒入 C 中。

093. 小明搬家

需要搬動 17 次。搬動的次序為：①鋼琴；②書架；③酒櫃；④鋼琴；⑤辦公桌；⑥床；⑦鋼琴；⑧酒櫃；⑨書架；⑩辦公桌；⑪酒櫃；⑫鋼琴；⑬床；⑭酒櫃；⑮辦公桌；⑯書架；⑰鋼琴。

094. 一艘小船

把 3 把鎖一個套一個鎖在一起形成一條長鏈，然後鎖在船的鐵鏈上，這樣每個人都可以自由地打開和鎖上這艘船。

095. 取黑白球

每一次往外拿出來兩個球後，甲盒裡的白球只有兩種結果。

(1) 少兩個；(2) 一個不少。

甲盒裡的黑球也只有兩種結果。

(1) 少一個；(2) 多一個。

根據以上結果可知：如果一開始甲盒中的白球數量為單數，那麼最後一個白球是永遠拿不出去的，因此最後兩球為一黑球一白球的機率均為 100％。

如果白球為雙數，那麼白球就會剩兩個或一個不剩，因此最後兩球為

一黑球一白球的機率為 0。

096. 聰明的豆豆

他帶了 2 公斤的貨物。

097. 關卡徵稅

一共有 5 個關卡收過商人的稅。最後剩下 1 公斤，則遇到最後一個關卡時還有（1 ＋ 1）× 3 ＝ 6（公斤）蘋果；遇到第 4 個關卡時還有（6 ＋ 1）× 3 ＝ 21（公斤）蘋果。以此類推可以知道，最開始有 606 公斤蘋果。

098. 逃避關稅

這個聰明的進口商已經預料到海關會關注 10, 000 隻右手手套；他還料到，海關人員會認為這些右手手套將一次整批運來，所以，他把那些右手手套分裝成 5, 000 盒，每盒裝兩隻右手手套。海關人員看到一盒裝的兩隻手套，肯定會認為是左右手各一隻。

就這樣，第二批貨物通過了海關，那位進口商只繳了 5, 000 副手套的關稅，再加上在第一批貨拍賣時付的那一小筆錢，就把 10, 000 副手套都弄到了美國。

099. 哪種方式更快

都一樣。不論她怎麼走，最終都是按那輛車到達目的地的時間來計算的。

第四章　渡河問題

100. 搭橋

小明按照如圖 4－3 所示的方式搭橋，就可以過河了。

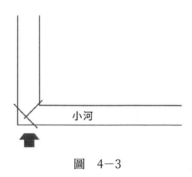

圖　4－3

101. 小孩過河

因為現在是 6 月，再過幾個月就是冬天了，河水結了冰，他就可以從上面走過去了。

102. 不會游泳

要過河的那人笑著答道：「這位船夫不會游泳，他就會萬分小心地划船，所以坐他的船才是最安全的。」

103. 橋的承受能力

橋是撐不住的。牛頓第三運動定律指出，力的作用是相互的。雜技演員把球扔向空中時對球施加了一個力，這個力比球的重力大，這個力再加上雜技演員和剩下兩個球的重量，一定會壓垮橋的。

104. 牧童的計謀

牧童的辦法是這樣的：用比橋還長的繩索，綁在牛和車之間，這樣兩者的重量就不會同時壓在橋上了，牛和車上的石材都能順利地通過。

105. 天堂還是地獄

他在看守剛看完通道時進入通道，大約 8 分鐘的時候，他大概走到了通道中心，然後他轉過身，往地獄方向走。1 分鐘後，看守看到他，以為他是不小心從天堂掉下去的，就把他喊了回來。

106. 如何通過

只要在船上加些石塊，使船下沉幾公分，就可以從橋下安全通過了。

第四章　渡河問題

第五章　計時問題

　　計時問題又叫燃繩計時問題，是透過燃燒若干根有固定燃燒時間的不均勻繩子來計算時間的問題。這種問題主要考查我們在面對常規方法無法解決的問題時，該怎樣變換思路，找出問題的實質，從而運用創新的方法解決問題。

　　計時問題的經典形式如下。

　　一根粗細不均勻的繩子，把它的一端點燃，燒完正好需要 1 小時。現在你需要在不看錶的情況下，僅借助這根繩子和火柴測量出半小時的時間。

　　你可能認為這很容易，只要將繩子對折，在繩子最中間的位置做個標記，然後測量出這根繩子燃燒到標記處所用的時間就行了。但遺憾的是，這根繩子並不是均勻的，有些地方比較粗，有些地方卻很細，因此這根繩子在不同地方的燃燒時間是不同的。細的地方也許燒了一半只用 10 分鐘，而粗的地方燃燒一半卻需要 50 分鐘。

　　那麼我們該怎麼做呢？其實很簡單，我們需要利用創新的方法來解決這個問題，即從繩子的兩頭同時點火，這樣繩子燃燒完所用的時間一定是 30 分鐘。

　　計時問題的擴展形式也有很多，比如確定 15 分鐘、45 分鐘、1 小時 15 分鐘等。其實我們仔細觀察題目會發現，這個問題的實質竟然是大家以前就學過的距離、速度、時間問題。

　　假設繩子的兩個端點分別為 A 和 B，從 A 點走到 B 點所需的時間是 1 小時。現在有兩個人，同時從 A 點和 B 點開始向中間走，經過時間 t 後在他們之間的某個點 O 處相遇。

第五章　計時問題

　　我們發現它竟然與大家非常熟悉的兩輛不同速度的車相向行駛的關於 s、v、t 之間的問題非常相似。

　　看清楚了這個問題的實質，再遇到類似的問題，我們只要把它變換成相向行駛的問題就可以很快地找出答案了。

縱向擴展訓練營

107. 確定時間

燒一根不均勻的香，從頭燒到尾總共需要 1 小時。現在有若干根材質相同的香，問如何用燒香的方法來計時 1 小時 15 分鐘？

108. 如何確定7分鐘

有若干條長短、粗細相同的繩子，如果從一端點火，每根繩子正好 8 分鐘燃盡。現在用這些繩子計量時間，比如，在一根繩子的兩端同時點火，繩子燃盡會用 4 分鐘；在一根繩子的一端點火，燃盡的同時點燃第二根繩子的一端，可計時 16 分鐘。

規則：

(1) 計量一段時間，最多使用 3 根繩子。

(2) 只能在繩子端部點火。

(3) 可同時在幾個端部點火。

(4) 點的火中途不可撲滅。

(5) 不許剪斷繩子，或將繩子折起。

請問：根據上述規則可否分別計量 7 分鐘？

109. 沙漏計時

如果有一個 4 分鐘的沙漏計時器和一個 3 分鐘的沙漏計時器，你能抓出 1 分鐘、2 分鐘、5 分鐘、6 分鐘的時間嗎？

第五章　計時問題

110. 3個10分鐘

炫雅是一個奇怪的盜賊，她專門幫警長打開一些難開的保險櫃。一天，她應偵探之邀來到偵探事務所，一進屋，就看見屋子中間擺著 3 個一樣的新型保險櫃。

「啊，炫雅，妳來得正好！都說妳是開保險櫃的達人，那麼請妳在 10 分鐘之內，不許用電鑽和煤氣燈，打開這些保險櫃。」偵探說道。

炫雅問：「3 個用 10 分鐘嗎？」

偵探回答：「不，每個用 10 分鐘。」

「這樣的話，沒什麼問題。」炫雅很自信地說，然後她又問：「不過，這保險櫃裡裝的是什麼？」

偵探回答：「裡面是空的。實際上，這是一個保險櫃生產工廠準備在今春上市的新產品，並計劃推出這樣的廣告宣傳詞『連女怪盜炫雅也望塵莫及』。為了慎重起見，保險櫃生產工廠特地委託我請妳試驗一下，而且無論成功與否，都要用攝影機錄製下來並將保險櫃送還工廠。」

偵探安裝好攝影機的三腳架。

炫雅又說：「還沒有我打不開的保險櫃呢，如果 10 分鐘內打開了怎麼辦？」

「可以得到工廠一筆可觀的獎金。快開始吧！我用這個沙漏幫妳計時。」偵探回答。

偵探把一個 10 分鐘用的沙漏倒放在保險櫃上面。炫雅也開始了動作。她將聽診器貼在保險櫃的密碼盤上，慢慢撥動著號碼，以便透過微弱的手感找出保險櫃密碼。

1 分鐘、2 分鐘、3 分鐘……沙漏裡的沙子在靜靜地往下流。

偵探提醒：「炫雅小姐，已經 9 分鐘了，還沒打開嗎？只剩最後一分鐘了。」

炫雅回答：「別急嘛，新型保險櫃，指尖對它還不熟悉。」

炫雅看了一眼沙漏，全神貫注在指尖上，最終找出了密碼。因為是 6 位數的複雜組合，所以頗費些工夫。

「好啦，開了。」炫雅打開保險櫃時，沙漏裡的沙子還差一點就全漏到下面去了。

「真厲害，正好在 10 分鐘之內。那麼再開第二個吧！不過，號碼跟剛才的可不一樣啊！」

偵探說著把沙漏倒了過來。

炫雅開第二個保險櫃時則順利了很多，打開時沙漏上部的的沙子還有好多。

「真是個能工巧匠啊！趁著手感還在，接著開第三個吧！」偵探誇獎炫雅。

「如果是一樣的保險櫃，再開幾個也是一樣的。」炫雅很自信地說。

「但 3 個保險櫃都要在規定的時間內打開，否則就拿不到獎金。實話告訴妳吧！獎金就在第三個保險櫃裡面。怎麼樣，準備好了嗎？」

「開始吧！」偵探一將沙漏倒過來，炫雅就接著開第三個保險櫃。

然而，這次沙漏中的沙子都已經漏到了下面，但保險櫃還未打開。

「炫雅小姐，怎麼搞的，已經過了 10 分鐘了。」偵探提醒炫雅。

「怪了，怎麼會打不開呢？可……」炫雅瞄了一眼沙漏。

炫雅有些焦急，額頭沁出了汗珠，但依然聚精會神地開鎖。大約過了一分鐘，她終於把保險櫃打開了，櫃中放著一個裝有酬金的信封。

「這就怪了，跟前兩次都是一樣的手法，這次怎麼會慢了呢？」她歪著頭，感到納悶。

忽然，她注意到了什麼，「我差一點被你矇騙了，我就是在規定的時間內打開的保險櫃，酬金應該歸我！」

「哈哈哈，還是被妳看出來了，真不愧是怪盜呀，還真騙不了妳。」偵探乖乖地將酬金交給了炫雅。

請問：偵探做了什麼手腳呢？

111. 鐘錶慢幾分

把每小時慢 10 分鐘的錶在 12 點時校對了時間。當這塊錶再次指向 12 點時，標準時間是幾點？

112. 新手錶

婧玟買了一塊新手錶。她與家中的掛鐘對了時間，發現新手錶每天比掛鐘慢 3 分鐘。她又將掛鐘與電視上的標準時間做了一個對照，剛好掛鐘每天比電視快 3 分鐘。

於是，她認為新手錶的時間是標準的。請問下面對婧玟推斷的評價中，哪一個是正確的？

A. 由於新手錶比掛鐘慢 3 分鐘，而掛鐘又比標準時間快 3 分鐘，所以，婧玟的推斷是正確的，她的新手錶上的時間是標準的。

B. 新手錶當然是標準的，因此，婧玟的推斷也是正確的。

C. 婧玟不應該拿她的新手錶與掛鐘對照，而應該直接與電視上的標準時間對照，所以，婧玟的推斷是錯誤的。

D. 婧玟的新手錶比掛鐘慢 3 分鐘，是不標準的 3 分鐘；而掛鐘比標準時間快 3 分鐘，是標準的 3 分鐘。這兩種「3 分鐘」不是一樣的，因此，婧玟的推斷是錯誤的。

E. 無法判斷婧玟的推斷正確與否。

113. 走得慢的鬧鐘

有一個鬧鐘每小時總是慢 5 分鐘。在 4 點的時候，用它和標準時間校準後，當鬧鐘第一次指向 12 點時標準的時間應該是幾點？

114. 調時鐘

城市的正中央有一個大鐘，每到整點時會敲響報時，比如，1 點會敲一下，12 點會敲 12 下，而相鄰兩次的鐘聲間隔時間為 5 秒鐘。這天晚上 12 點，住在大鐘旁邊的小麗，想要根據大鐘的聲音調自己家的時鐘，她數著大鐘的響聲，當敲到第 12 下的時候，她把自己的表準時按到 12 點零 1 分。請問：她的鐘錶時間是正確的嗎？

115. 奇怪的大鐘

從我住處的窗口向外看，可以看到街上的大鐘。每天，我都要將自己的鬧鐘按照大鐘上顯示的時間校對一遍。通常情況下，兩個鐘上的時間是一樣的，但有一天早上，發生了一件奇怪的事情：我的鬧鐘顯示為差 5 分鐘到 9 點，1 分鐘後顯示為差 4 分鐘到 9 點；但再過 2 分鐘時，仍顯示為

差 4 分鐘到 9 點；又過了 1 分鐘，鬧鐘則顯示為差 5 分鐘到 9 點。

一直到了 9 點鐘，我才突然醒悟過來，到底是哪裡出了錯。你知道是什麼原因嗎？

116. 公車路線

某市有兩個火車站，分別是東站和西站。兩個火車站之間有一條公車路線，每天以相同的時間間隔分別向另一個車站發出車次。一天，小明從東站坐車前往西站，他發現路上每隔 3 分鐘就能看到一輛從西站發往東站的公車。假設每一輛公車的速度都相同，你知道這條公車路線每隔多長時間會發出一輛車嗎？

橫向擴展訓練營

117. 接經理

一位經理到高雄開會，會議的主辦方派司機去火車站接他。本來司機算好了時間，可以跟那列火車同時到達火車站。但是不巧的是，經理改變了行程，坐了前一趟火車到了北京，而司機還是按照預計時間出發的。經理一個人在車站等著也無事可做，就叫了一輛計程車往會場趕，並通知了司機。計程車開了半個小時後，計程車和司機在路上相遇了。經理上了司機的車，一刻也不耽誤地趕到了會場，結果比預計時間早了 20 分鐘。

請問：經理坐的列車比預計的車早到了多長時間？

118. 兩支蠟燭

房間裡的電燈突然熄滅了，因為停電了。我的作業還沒有寫完，於是我點燃了書桌裡備用的兩支新蠟燭，在燭光下繼續寫作業，直到電來了。

第二天，我想知道昨晚停電多長時間。但是當時我沒有注意停電和來電時的具體時間，而且我也不知道蠟燭的原始長度。我只記得那兩支蠟燭是一樣長的，但粗細不同，其中粗的一支蠟燭燃盡需要 5 個小時，細的一支蠟燭燃盡需要 4 個小時。兩支蠟燭是一起點燃的，剩下的殘燭都很小了，其中一支殘燭的長度等於另一支殘燭的 4 倍。

請你根據上述資料，算出昨天停電的時間有多長？

119. 正確時間

在早晨列隊檢查時，警長問身邊的祕書現在幾點了。精通數學的祕書回答道：「從午夜到現在這段時間的 1/4，加上從現在到午夜這段時間的一半，就是現在的確切時間。」你能算出這段對話發生的時間嗎？

從午夜到現在這段時間的 1/4，加上從現在到午夜這段時間的一半，就是現在確切的時間。

120. 幾點到達

副市長乘坐飛機去墨爾本參加一個學術會議。他怕耽誤了開會時間，就問飛機上的空姐：「飛機什麼時候到達墨爾本？」

「明天早晨。」空姐答道。

「早晨幾點呢？」

空姐看副市長一副學者風範，有意考考他：「我們準時到達墨爾本時，時鐘顯示的時間將很特別──時針和分針都將指在分針的刻度線上，兩針的距離是 13 分或者 26 分。現在你能算出我們幾點到嗎？」

副市長想了一會，又問道：「我們到達時是在 4 點前還是 4 點後呢？」

空姐笑了一下：「我如果告訴你這個，你當然就知道了。」

副市長回以一笑：「你不說我也知道了，這下我就可以放心了。」

請問：這架飛機到底是幾點幾分到達墨爾本呢？

121. 慘案發生在什麼時間

一天夜裡，鄰居聽到一聲淒厲的尖叫。早上醒來，發現原來昨晚的尖叫是受害者的最後呼救。負責調查的警察向鄰居們瞭解案件發生的確切時間。一位鄰居說是 12 點 08 分，另一位老太太說是 11 點 40 分，對面雜貨店的老闆說他清楚地記得是 12 點 15 分，還有一位紳士說是 11 點 53 分。但這 4 個人的錶都不準確，其中一個慢 25 分鐘，一個快 10 分鐘，還有一個快 3 分鐘，最後一個慢 12 分鐘。你能幫警察確定作案時間嗎？

122. 避暑山莊

甲、乙、丙、丁 4 個人分別在上個月不同時間入住避暑山莊，又在不同的時間分別退了房，現在只知道：

（1）滯留時間（比如從 7 日入住，8 日離開，滯留時間為 2 天）最短的是甲，最長的是丁，乙和丙滯留的時間相同。

（2）丁不是 8 日離開的。

（3）丁入住的那天，丙已經住在那裡了。

入住時間是：1 日、2 日、3 日、4 日。

離開時間是：5 日、6 日、7 日、8 日。

根據以上條件，你知道他們 4 個人的入住時間和離開時間嗎？

123. 相識紀念日

湯姆和潔西是一對情侶，他們是在一家健身俱樂部相遇並相互認識的。一天，潔西問湯姆他們相識的紀念日是哪一天，可湯姆並沒有記住確切的日期，他只知道以下這些資訊。

（1）湯姆是在1月分的第一個星期一開始去健身俱樂部的。此後，湯姆每隔4天（第5天）去一次。

（2）潔西是在1月分的第一個星期二開始去健身俱樂部的。此後，潔西每隔3天（第4天）去一次。

（3）在1月分的31天中，只有一天湯姆和潔西都去了健身俱樂部，正是那一天他們首次相遇的日子。

你能幫助湯姆算出他們的相識紀念日是1月分的哪一天嗎？

124. 出差補助

一間公司給員工發出差補助的方式比較奇怪，是按照員工出差到達目的地的日期計算補助的。比如，一名員工8日出差去了外地，那麼他這次出差能夠領到的出差補助就為8元。

8月分的時候，一名員工出差。他4日（星期六）到達臺北，然後又相繼出差了4次，即在接下來的4個星期中，每個星期出差一次。到達目的地的具體時間他不記得了，只知道有一次是星期三，一次是星期四，兩次是星期五。你能根據這些資料，算出這名員工這個月可能領到多少出差補助嗎？

125. 有問題的鐘

從前有一位老鐘錶匠，要為火車站修理一座大鐘。由於年老眼花，他不小心把長短針裝反了。修完的時候是上午 6 點，把短針指在「6」上，長針指在「12」上後，鐘錶匠就回家去了。人們看這座大鐘剛剛還 7 點，過了不一會兒就 8 點了，都感到很奇怪，立刻去找老鐘錶匠。等老鐘錶匠趕到，已經是下午 7 點多了。他掏出懷錶一對，鐘準確無誤，懷疑大家是有意捉弄他，一生氣就回去了。這座大鐘還是 8 點、9 點地跑，人們又去找鐘錶匠。這時老鐘錶匠已經休息了，於是第二天早晨 8 點多趕過去用懷錶一對，時間仍舊準確無誤。

請你想一想，老鐘錶匠第一次對錶的時間是 7 點幾分？第二次對錶的時間又是 8 點幾分？

斜向擴展訓練營

126. 數字時鐘

大家都知道，數字時鐘是由三個數字來表示時、分、秒的，中間用冒號間隔。那麼請問從中午 12 點到子夜 23 點 59 分 59 秒，時、分、秒三個數字相同的情況會出現幾次？分別是什麼時候？

127. 奇怪的時間

在我們生活的地球上，有這樣的一個地方，在這裡，無論我們把鐘錶調成幾點幾分，都是正確的時間。請問這個地方在哪裡？

128. 有意思的鐘

爺爺有兩個鐘，其中一個鐘兩年只準一次，而另一個鐘每天準兩次，爺爺問小明想要哪個鐘？如果你是小明，你會選哪個鐘呢？當然，鐘是用來看時間的。

129. 沒有工作

小王辛苦工作了一年，到了年底，找老闆要年終獎金。老闆說：「你基本上都在忙自己的事，根本沒有為我工作幾天，怎麼能要獎金呢？」小王不服氣，就問老闆自己每天都忙什麼了。老闆給他列了個表。

(1) 睡覺（每天 8 小時），合 122 天。

(2) 雙休日 2 × 52 = 104（天）。

(3) 吃飯（每天 3 小時），合 45 天。

（4）娛樂（每天 2 小時），合 30 天。

（5）公司年假，15 天。

（6）每天中午休息 2 小時，合 31 天。

（7）你今年請了 5 天事假；10 天病假。

總計：122 ＋ 104 ＋ 45 ＋ 30 ＋ 15 ＋ 31 ＋ 5 ＋ 10 ＝ 362（天）。

這樣，一年中只有 3 天的時間上班，所以根本沒有時間工作。小王看了，覺得這樣計算也有道理。你能發現其中的問題嗎？

130. 時間

在乾旱地區非常缺水，人們都用水桶接雨水用。沒風的時候，雨點豎直落下，用 30 分鐘可以接滿一桶水。一次下雨時，颳起了大風，雨水下落時偏斜 30°，如果這次雨的大小不變，那麼需要多長時間可以接滿一桶水呢？

131. 統籌安排

小瑜想在客人來之前做一道煎魚。

做煎魚需要這些步驟：洗魚要 5 分鐘，切生薑片要 2 分鐘，拌生薑、醬油、料酒等調味料要 2 分鐘，把鍋燒熱要 1 分鐘，把油燒熱要 1 分鐘，煎魚要 10 分鐘。這些加起來要 21 分鐘，可是客人 20 分鐘後就要來了。

請問這該怎麼辦呢？

132. 煎雞蛋的時間

明明家有一個煎雞蛋的小鍋，每次可以同時煎兩個雞蛋，每個雞蛋必須把正、反兩面都煎熟。要把雞蛋的一面煎熟需要 2 分鐘。有一天，明明和爸爸的對話如下。

爸爸：「煎熟一個雞蛋最短需要幾分鐘？」

明明：「正、反面都需要煎熟，所以需要 4 分鐘。」

爸爸：「煎熟兩個雞蛋呢？」

明明：「我們的鍋可以同時煎兩個，所以還是最少需要 4 分鐘。」

爸爸：「那 3 個呢？」

明明：「8 分鐘啊，前 4 分鐘煎好前兩個雞蛋，再用 4 分鐘煎第三個雞蛋。」

但是爸爸說得不對，可以用更少的時間煎好 3 個雞蛋。你能想明白煎 3 個雞蛋最少需要幾分鐘嗎？

133. 什麼時候去六福村

晚上 10 點，家住新竹的明明看著外面的大雨，對爸爸說：「如果明天天晴了，你帶我去六福村玩吧。」爸爸說：「明後兩天我都要加班。這樣吧，如果再過 72 個小時，天上出太陽了，我就帶你去好不好？」

請問他們會去六福村玩嗎？

134. 計程車司機

有個計程車司機喜歡到火車站去接剛來這個城市的客人。該城市與 A、B 兩個城市都開通了計程車網，這個火車站也主要是接送城長途旅客。A、B 兩個城市的列車都是每 1 小時到達一趟。唯一不同的是，A 城市的列車首班車是 6 點 30 分到達，B 城市的列車首班車是 6 點 40 分到達。一個月下來，這個司機發現他接的 A 城市的客人明顯比 B 城市的多，你知道這是為什麼嗎？

135. 作案時間

有兩戶人家住在邊遠的山區，一天晚上，一戶人家發生了竊盜案。天亮後，警察到另一戶人家去調查，誰知這戶人家只住了一個年邁的老太太，除了耳朵還算靈光，視力、腿部力量都不太好了。當警察問她昨晚是否聽到什麼動靜的時候，她說：「我當時剛迷迷糊糊地睡著，也不知道什麼時候，隔壁家發出了很大的聲音。只記得，先是聽見鐘錶敲了一下，然後過了一陣又敲了一下，再過了一陣又聽到鐘錶敲了一下，就在這個時候聽到了隔壁的異響。」已知老太太家裡的鐘錶在整點的時候會報時，時間到幾點鐘就敲幾下，並且每到半點時也敲一下。你能推理出昨夜發生異響的時刻嗎？

答案

107. 確定時間

　　1 個小時很容易計時，關鍵是 15 分鐘。如果兩頭一起點燃可以得到半個小時，而 15 分鐘又恰好是半個小時的一半，所以若想辦法得到能燒半個小時的香，這一步即是解題的關鍵。先拿兩根香，第一根兩頭一起點，另一根只點一頭。等第一根香燒完之後，即半個小時之後，第二根剩下的部分還可以燒半個小時。此時將第二根香的兩頭一起點，這樣就可以計時 15 分鐘了，然後等燒完之後再點一根香，加起來就是 1 個小時 15 分鐘。

108. 如何確定7分鐘

　　將 A、B、C 三根繩子同時點燃，A 從兩端點，B、C 先從一端點，當 A 燃盡時（4 分鐘），將 B 的另一端點燃；當 B 燃盡時，是 6 分鐘，這時將 C 的另一端也點燃，這樣到了 C 燃盡時，正好是 7 分鐘。

109. 沙漏計時

　　1 分鐘：讓兩個沙漏同時開始漏沙，當 3 分鐘那個漏完後，開始計時，到了 4 分鐘那個漏完，就是 1 分鐘了。

　　2 分鐘：讓兩個沙漏同時開始漏沙子。當 3 分鐘那個漏完後，立即把它顛倒過來；4 分鐘的那個漏完後，再次把 3 分鐘的那個顛倒回來。這時 3 分鐘的那個裡正好漏下 1 分鐘的沙子，3 分鐘那個沙漏裡還有 2 分鐘的沙子。

　　5 分鐘：讓兩個計時器同時開始漏沙子。當 3 分鐘那個漏完後，立即把它顛倒過來；4 分鐘的那個漏完後，再次把 3 分鐘的那個顛倒回來。這

時 3 分鐘的那個正好漏下 1 分鐘的沙子，還剩下 ╳ 分鐘。等這個沙漏裡的沙子漏完後，就正好是 5 分鐘。

6 分鐘：只要用 3 分鐘測兩次就行了。

110. 3個10分鐘

第二個 10 分鐘裡沙漏上面的沙還剩很多，而且很快就開始開第三個保險櫃，那時它的沙子還沒漏完就被直接倒過來，所以那個沙漏還不到 10 分鐘沙子就完全漏到下面去了。

111. 鐘錶慢幾分

每小時慢 10 分鐘，即 50 分鐘相當於標準時間的 1 個小時。這塊錶的 12 個小時相當於標準時間的 $12 \times 60 / 50 = 14.4$（小時），所以慢了 2.4 個小時。

112. 新手錶

D 的評價是正確的。婧玟犯的正是「混淆概念」的錯誤，兩個「3 分鐘」是不相同的，一個標準，一個不標準，因此，婧玟的推斷是錯誤的。

113. 走得慢的鬧鐘

標準時間是 12 點 40 分。

114. 調時鐘

不是，敲第 12 下的時候，是 12 點 0 分 55 秒。雖然鐘敲了 12 下，但時間的間隔只有 11 下，所以敲第 12 下是 55 秒。

115. 奇怪的大鐘

因為我的鬧鐘是電子鐘，那個分時數字右上角的那一豎壞了，可以正確顯示 5，也可以正確顯示 6，卻不能正確顯示 8，因此到了 59 分時，只能顯示 55。

116. 公車路線

因為小明從東站到西站，每隔 3 分鐘會遇到一輛從西站到東站的車。也就是說，從小明遇到一輛從西站到東站的車，到他遇到第二輛從西站到東站的車這段時間是 3 分鐘，自己乘坐的車也開了 3 分鐘，所以兩輛車的發車區間就是 3 ＋ 3 ＝ 6（分鐘）。

117. 接經理

司機比預計時間提前了 20 分鐘到會場，即他從遇到計程車到火車站這段路程來回需要 20 分鐘，所以從相遇時到到達火車站，司機需要 10 分鐘。也就是說，按照預計的時間，再過 10 分鐘火車應該到站，但是此時上一趟火車已經到站 30 分鐘，這正是計程車走這段路的時間，所以經理坐的車比預計早到了 40 分鐘。

118. 兩支蠟燭

假設蠟燭點燃了 x 小時。粗蠟燭每小時減少 1／5，細蠟燭每小時減少 1／4。根據題意可以列出方程式：

4（1 － x／4）＝ 1 － x／5

解得：x ＝ 15／4。

所以昨天停電的時間為 3 小時 45 分鐘。

119. 正確時間

這段對話發生在上午 9：36。

假設現在的時間為 x，則根據題中已知條件可以列出如下方程式：x/ 4 ＋（24 － x）/ 2 ＝ x。解得：x ＝ 48/ 5，也就是上午 9 點 36 分。注意，從文中時間的敘述可以看出他們的對話發生在上午。

如果不考慮這一點，也可以設想時間是在晚上，那麼晚上 19：12 同樣是一個正確的答案。

120. 幾點到達

這架飛機到達墨爾本的時間是第二天的 2：48。

首先，時針和分針都指在分針的刻度線上，讓我們仔細看看鐘錶（手錶也一樣）的結構：

每個小時之間有 4 個分針刻度，在相鄰兩個分針刻度線之間對時針來說要走 12 分鐘，這說明這個時間必定是 n 點 12m 分，其中 n 是 0 ～ 11 的整數，m 是 0 ～ 4 的整數，即分針指向 12m 分，時針指向 5n ＋ m 分的位置。又已知分針與時針的間隔是 13 分或者 26 分，要不是 12m －（5n ＋ m）＝ 13（或 26），不然就是（5n ＋ m）＋（60 － 12m）＝ 13（或 26），即要不是 11m － 5n ＝ 13（或 26），不然就是 60 － 11m ＋ 5n ＝ 13（或 26）。這是一個看起來不可解的方程式。但由於 n 和 m 只能是一定範圍的整數，就能找出解來（重要的是，不要找出一組解便止步，否則此類題是做不出來的）。

副市長便是以此思路找出了所有三組解（若不細心，則會在只找到兩組解後便宣稱此題無解）。

已知：m＝0、1、2、3、4，n＝0、1、2、3、4、5、6、7、8、9、10、11。

只有固定的取值範圍，不難找到以下三組解：(1) n＝2，m＝4；(2) n＝4，m＝3；(3) n＝7，m＝2。

即這樣的三個時間：(1) 2：48；(2) 4：36；(3) 7：24。

面對這三個可能的答案，副市長當然得問一問空姐了。空姐的回答卻巧妙地暗設了機關：正面回答本來應該是 4 點前或是 4 點後。但若答案是 4 點後，空姐的變通回答便不對了，因為這時副市長還是無法確定是 4：36 還是 7：24。而空姐的變通回答卻顯示出：若正面回答便能確定答案，這意味著這個正面回答只能是 4 點以前，即準點到站的時間是 2：48。

121. 慘案發生在什麼時間

這是一個看起來複雜其實很簡單的問題。作案時間是 12：05。計算方法很容易，從最快的手錶（12：15）中減去最快的時間（10 分鐘）就行了。或者將最慢的手錶（11：40）加上最慢的時間（25 分鐘），也可以得出相同的答案。

在分析問題的時候，最重要的是找到解決思路，把看似複雜的問題分解成簡單的部分處理。

122. 避暑山莊

4 人的滯留時間之和是 20 天。

根據 (1) 得知，時間最長的是丁，有 6 天；根據 (2) 和 (3) 來看，丁雖然入住時間最長，也是從 2 日到 7 日離開的。

假設乙和丙分別滯留了 4 天以下，因為丁是 6 天以下，甲若是 6 天以上，就不是最短的，所以乙和丙都是 5 天。

根據 (3) 可知，丙是從 1 日住到 5 日。如果乙是從 3 日入住，7 日離開，那就與丁重合了，所以乙是從 4 日住到 8 日，剩下的甲就是從 3 日到 6 日（滯留了 4 天）。

因此，甲是 3 日入住 6 日離開的，乙是 4 日入住 8 日離開的，丙是 1 日入住 5 日離開的，丁是 2 日入住 7 日離開的。

123. 相識紀念日

根據 (1) 和 (2)，潔西第 1 次去健身俱樂部的日子必定是以下兩者之一：

A · 湯姆第一次去健身俱樂部那天的第 2 天。

B · 湯姆第一次去健身俱樂部那天的前 6 天。

如果 A 是實際情況，那麼根據 (1) 和 (2)，湯姆和潔西第 2 次去健身俱樂部便是在同一天，而且在 20 天後又在同一天去了健身俱樂部。根據 (3)，他們再次都去健身俱樂部的那天必須是在 2 月分。可是，湯姆和潔西第 1 次去健身俱樂部的日子最晚也只能分別是 1 月分的第 6 天和第 7 天；在這種情況下，他們在 1 月分必定有兩次是同一天去健身俱樂部：1 月 11 日和 1 月 31 日。因此 A 不是實際情況，而 B 是實際情況。

在情況 B 下，1 月分的第一個星期二不能晚於 1 月 1 日，否則隨後的那個星期一將是 1 月分的第 2 個星期一。因此，潔西是 1 月 1 日開始去健身俱樂部的，而湯姆是 1 月 7 日開始去的。於是根據 (1) 和 (2)，他們兩人在 1 月分去健身俱樂部的日期分別如下。

潔西：1 日、5 日、9 日、13 日、17 日、21 日、25 日、29 日。

湯姆：7 日、12 日、17 日、22 日、27 日。

因此，湯姆和潔西相遇於 1 月 17 日。

124. 出差補助

因為 4 日是星期六，所以這個月中，5 日、12 日、19 日、26 日這 4 天都是星期日。

又因為在接下來的 4 個星期中每個星期都出差一次，所以得到的補助應該是這 4 個數分別加上星期數。也就是說，他這個月可以領到的出差補助為：4 ＋ 5 ＋ 12 ＋ 19 ＋ 26 ＋ 3 ＋ 4 ＋ 5 ＋ 5 ＝ 83（元）。

125. 有問題的鐘

這道題的關鍵是要想明白，只有兩針成一直線的時候，所指的時間才是準確的。在 6 點，兩針成為一直線，這是老鐘錶匠裝配的時間。以後，每增加 1 小時（5 ＋ 5/ 11）分，兩針會成為一條直線。7 點之後，兩針成為一條直線的時間是 7 點（5 ＋ 5/ 11）分；8 點之後，兩針成為一條直線的時間是 8 點（10 ＋ 10/ 11）分。

126. 數字時鐘

12 點 12 分 12 秒，13 點 13 分 13 秒，……，23 點 23 分 23 秒。每個小時出現一次，一共有 12 次。

127. 奇怪的時間

在南極點或者北極點。任何一條經線都經過這裡，而每一條經線都有

它特定的時間。所以在這裡，無論是幾點幾分都有一條經線與它對應，可以說都是正確的。

128. 有意思的鐘

這道題如果換一種問的方式，就會很好回答。要是一個鐘是停止的，而另一個鐘每天慢一分鐘，你會選擇哪個呢？當然你會選擇每天只慢一分鐘的鐘。

本題就是這樣的，兩年只準一次，也就是一天慢一分鐘，需要走慢720 分鐘，也就是 24 小時才能再準一次，也就是需要兩年，而每天準兩次的鐘則是停止的。

129. 沒有工作

老闆把時間進行了重複計算，比如在放假期間的睡覺時間重複計算了。

130. 時間

還是 30 分鐘，因為雨的大小不變而且水桶口的面積也沒有變，接到的水量也不變。

131. 統籌安排

為了解決這個問題，小瑜決定這樣做：在等著鍋和油燒熱的 2 分鐘裡，同時拌生薑、醬油、米酒等調味料，這樣一共就只需 19 分鐘，比原來節省了 2 分鐘。

這就是「統籌」，把不影響前後順序的、可以同時做的步驟一起做

了，把大的事情放在空閒比較多的時間段，小的事情放在空閒比較少的時間段。在完成一件事情的同時，還可以做另外一件事，這樣把整個時間充分地利用起來。

132. 煎雞蛋的時間

6 分鐘。

我們把煎蛋的 2 個面分別叫做正面和反面，這樣，用 6 分鐘煎 3 個雞蛋的方法如下。

第 1 個 2 分鐘，煎第 1 個蛋和第 2 個蛋的正面。

第 2 個 2 分鐘，先取出第 2 個雞蛋，放入第 3 個雞蛋。然後煎第 1 個雞蛋的反面和第 3 個雞蛋的正面。這樣，第 1 個雞蛋已經煎熟。第 2 個雞蛋和第 3 個雞蛋都只煎了正面。

第 3 個 2 分鐘，煎第 2 個雞蛋和第 3 個雞蛋的反面。這樣，3 個雞蛋就都煎好了。

133. 什麼時候去六福村

也許你會認為是不一定，因為 72 個小時以後的事是說不定的。其實不然，因為現在是夜裡 10 點，再過 72 個小時還是夜裡 10 點，這個時候肯定是不會出太陽的。

134. 計程車司機

因為 A 城市的車到達後 10 分鐘，B 城市的車就會到達，而 B 城市的車到達後要 50 分鐘，A 城市的車才能來。如果這個司機在 A 城市的車到達之後，他會等著接 B 城市的客人，這只有 10 分鐘時間；如果在 B 城市

的車到達之後來，他需要等 A 城市的客人 50 分鐘，所以他接到 A 城市的客人和 B 城市的客人的機率比為 5：1，所以接到的 A 城市的客人要多得多。

135. 作案時間

是凌晨 1：30，因為只有在 0：30、1：00、1：30 三個時刻，鐘才會分別敲一下，總共響了 3 次。

第五章　計時問題

第六章　秤球問題

秤球問題，也是非常經典又有趣的邏輯問題之一。

經典問題的原文如下。

一個鋼球廠生產鋼球，其中一批貨物中出現了一點問題，使得 8 個球中有一個略微重一些。找出這個重球的唯一方法是將兩個球放在天平上對比。請問：最少要秤多少次才能找出這個較重的球？

答案是 2 次。

首先，把 8 個球分成 3、3、2 三組，把一組的 3 個球和另一組的 3 個球分別放在天平的兩端。如果天平平衡，那麼把剩下的 2 個球分別放在天平的兩邊，天平向哪邊傾斜，那個球就是略重的。如果天平偏向一方，就把重的那一方的 3 個球中的兩個放在天平上，這時如果天平傾斜，重的就是要找的球；不傾斜，剩下的那個球就是要找的。

秤球問題還有很多擴展形式，比如增加球的數量，或者不告知壞球比正常球是輕還是重等。我們發現如果球的數量增加至 9 ～ 13 個，且不確定壞球的輕重，那麼我們只稱兩次是不可能保證找到壞球的。球的數量越多，相應需要的次數和複雜程度就越大。

當然，如果有超過 2 個球，我們知道壞球是「獨一無二」的那一個，就總能找出來；但是如果只有 2 個球，一個好球一個壞球，它們都是「獨一無二」的，那我們無論如何也不可能知道哪個是好的、哪個是壞的。

前面我們所討論的是如何把一個壞球從一堆球中用最少的次數找出來的方法，下面我們換一個角度：如果我們不需要找出那個壞球，只想知道壞球是比標準球輕還是重，怎樣用最少的稱法來解決這個問題呢？

第六章　秤球問題

比如，有 N（N ≥ 3）個外表相同的球，其中有一個壞球，它的重量和標準球有輕微的（但是可以測量出來的）差別。現在有一架沒有砝碼的很靈敏的天平，請問最少需要稱幾次才可以知道壞球比標準球重還是輕？

當 N = 3 時，我們將球編為 1 ～ 3 號。先把 1、2 號球放在天平兩端，如果平衡，那麼 3 號是壞球，接下來只要用標準的 1 號球或 2 號球來和它比較就知道它是輕是重了；如果不平衡，比如，1 號球比 2 號球重，那麼 3 號球就是標準的。比較 1 號球和 3 號球：如果它們一樣重，那麼 2 號球是壞球，而且它比較輕；相反的，如果 1 號球比 3 號球重，那麼 1 號球就比較重。

當 N ≥ 4 時會怎麼樣呢？結果很出人意料 —— 無論多少個球，都只需稱 2 次即可。

方法也很簡單，對於一個大於等於 4 的自然數，我們總是可以表示成 4k + i 的形式，其中 k 和 i 都是正整數，且 k ≥ 1，0 ≤ i ≤ 3，這樣我們就可以把 N 個球分成 5 堆：前 4 堆球的個數相同，都是 k，第 5 堆有 i 個球。

第一次秤球，將第 1、2 堆放在天平左端，第 3、4 堆放在天平右端，如果平衡，說明這 4 堆中的球都是好球，而壞球在第 5 堆裡，這時隨便從前 4 堆裡拿出 i 個球和第 5 堆的 i 個球比較一下即可。

如果第 1、2 堆和第 3、4 堆不平衡，比如，第 1、2 堆這端比較重，那麼我們將第 1、2 堆分別放在天平兩端進行第 2 次秤量。這次如果天平平衡，那麼壞球就在第 3、4 堆裡。

因為第一次秤量時，第 3、4 堆是比較輕的，所以壞球比較輕；如果天平不平衡，說明壞球在第 1、2 堆內。因為第一次秤量時，第 1、2 堆是比較重的，所以壞球比較重。

縱向擴展訓練營

136. 巧辨壞球

有 12 個球和 1 個天平，現知道只有 1 個球和其他的球的重量不同，但並不知道這個球比其他的球輕還是重，問怎樣才能秤 3 次就找到那個球？

137. 秤量水果

在果園工作的送貨員 A，給一家罐頭加工廠送了 10 箱桃子。每個桃子重 500 克，每箱裝 20 個。正當他送完貨要回果園的時候，接到了從果園打來的電話，說由於分類錯誤，這 10 箱桃子中有 1 箱裝的是每個 400 克的桃子，要送貨員把這箱桃子帶回果園以便更換。因手邊沒有秤，要怎樣從 10 箱桃子中找出到底哪一箱的份量不足呢？

正在這時，他忽然發現不遠的路旁有一臺自動量體重的機器，投進去一枚 1 元硬幣就可以秤一次重量。他的口袋裡剛好有一枚 1 元硬幣，當然也就只能秤量一次。

那麼他應該怎樣充分利用這一次的機會，找出那一箱不符合規格的產品呢？

第六章　秤球問題

138. 特別的秤重

宇華在實驗室做實驗，他要用 3 克的碳酸鈉作為溶質，但是他的手邊只有一袋標著 56 克、沒有拆封的碳酸鈉，還有一架只有一個 10 克砝碼的天平。這時，實驗室只有他一個人，也找不到其他的秤量工具，在現有的條件下，他該怎樣秤出 3 克的碳酸鈉呢？

139. 藥劑師秤重

現有 300 克的某種藥粉，要把它們分成 100 克和 200 克的兩份，如果天平只有 30 克和 35 克的砝碼各一個。你能不能運用這兩個砝碼在秤兩次的情況下把藥粉分開呢？

140. 不準的天平

有一個天平由於兩臂不一樣長，雖然一直都處於平衡狀態，但是長時間沒人用。現在實驗員小劉想用 2 個 300 克的砝碼，秤出 600 克的實驗物品。你能為他想個辦法嗎？

141. 分麵粉

有 7 克、2 克砝碼各一個，天平一架。如何只用這些物品秤 3 次就將 140 克的麵粉分成 50 克、90 克各一份呢？

142. 秤鹽

現有 9,000 克鹽以及 50 克和 200 克的砝碼各一個。

請問：怎樣用天平秤出 2,000 克鹽？只許秤 3 次。

143. 分辨膠囊

有三種藥，都裝在一種外表一樣的膠囊裡，分別重 1 克、2 克、3 克。現在有很多這樣的藥瓶，單憑藥瓶和膠囊的外表是無法區分的，只能透過測量膠囊的重量來加以區分。如果每瓶中的膠囊足夠多，我們能只秤一次就知道各個瓶子中分別裝的是哪類藥嗎？如果有 4 種藥、5 種藥呢？

如果是共有 n 種藥呢（n 為正整數，藥的重量各不相同，但各種藥的

重量已知）？你能用最經濟簡單的方法只秤一次，就知道每瓶裡裝的是哪種藥嗎？

　　注：秤藥是有代價的，秤過的藥受到了汙染，所以就不能要了。

144. 砝碼秤重

　　有一架沒有標尺的天平，只能用砝碼秤重，這裡有 10 克、20 克、40 克和 80 克的砝碼各一個。請問：任意在這 4 個砝碼中選擇兩個組合，可以秤出多少種不同的重量？

145. 砝碼數量

　　有一架天平，想要用它秤出來 1 ～ 121 克所有重量為整數克的物品，至少需要多少個砝碼？每個砝碼分別重多少克？

橫向擴展訓練營

146. 零錢

湯姆打算去書店買書，他出門的時候帶了 10 元。這 10 元是他特意準備的零錢，由 4 枚硬幣（分幣）和 8 張紙幣（元、角幣）構成。而且只要書價不超過 10 元，不管需要幾元幾角幾分，他都可以直接付款而不需要找零。你知道湯姆的 10 元的構成嗎？

147. 圈出的金額

兩位女士和兩位男士走進一家自助餐廳，每人從機器上取下一張標價單：

50，95

45，90

40，85

35，80

30，75

25，70

20，65

15，60

10，55

現在已知：

（1）4 個人要的是同樣的食品，因此他們的標價單被圈出了同樣的金額（以美分為單位）。

（2）每個人都只帶有 4 枚硬幣。

（3）兩位女士所帶的硬幣價值相等，但彼此間沒有一枚硬幣面額相同；兩位男士所帶的硬幣價值相等，但彼此間也沒有一枚硬幣面額相同。

（4）每個人都能按照各自標價單上圈出的金額付款，不用找零。

在每張標價單中圈出的是哪一個數字？

提示：設法找出所有的這樣的兩組硬幣，每組 4 枚，價值相等，但彼此間沒有一枚硬幣面額相同，然後從這些組合中判定能付清帳目而不用找零的金額。

148. 找零錢

美國貨幣中的硬幣有 1 美分、5 美分、10 美分、25 美分、50 美分和 1 美元（等於 100 美分）這幾種面額。有一家小店剛開始營業，三兄弟來到店裡吃飯。當這三兄弟結帳的時候，出現了以下的情況。

（1）連同店家在內，這 4 個人每人都至少有一枚硬幣，但都不是面額為 1 美分或 1 美元的硬幣。

（2）這 4 人中沒有一人有足夠的零錢可以找開任何一枚硬幣。

（3）老大要付的帳單金額最大，老二要付的帳單金額其次，老三要付的帳單金額最小。

（4）三兄弟無論怎樣用手中所持的硬幣付帳，店主都無法找清零錢。

（5）但是如果三兄弟相互之間等值調換一下手中的硬幣，則每個人都可以付清自己的帳單而無須找零。

（6）當這三兄弟進行了兩次等值調換以後，他們發現手中的硬幣與各人原先所持的硬幣沒有一枚面額相同。

隨著事情的進一步發展，又出現如下的情況。

（1）在付清了帳單以後，三兄弟其中一人又買了一些水果。本來他手中剩下的硬幣足夠付款的，可是店主卻無法用自己現在所持的硬幣找清零錢。

（2）於是，他只好另外拿出 1 美元的紙幣付了水果錢，這時店主不得不把他的全部的硬幣都找給了他。

現在請你計算一下，這三兄弟中誰用 1 美元的紙幣付了水果錢？

149. 需要買多少

27 名同學去郊遊，在途中休息的時候，他們口渴難耐，於是去買飲料。飲料店做促銷，憑 3 個空瓶可以再換一瓶飲料。他們最少要買多少瓶飲料才能保證一人喝一瓶呢？

最少要買多少瓶飲料才能保證一人喝一瓶？

150. 老師的兒子

有位老師有 3 個兒子，3 個兒子的年齡加起來等於 13，3 個兒子的年齡乘起來等於老師的年齡。有一個學生知道老師的年齡，但仍不能確定老師 3 個兒子的年齡，這時老師說只有 1 個兒子在托兒所，然後這個學生就知道了老師 3 個兒子的年齡了。

請問：這 3 個兒子的年齡分別是多少歲？為什麼？

151. 射擊比賽

奧運會射擊比賽中，甲、乙、丙 3 名運動員各打了 4 發子彈，全部中靶，其命中情況如下。

(1) 每人的 4 發子彈所命中的環數各不相同。

(2) 每人的 4 發子彈所命中的總環數均為 17 環。

(3) 乙有 2 發命中的環數分別與甲命中的其中 2 發一樣，乙另外 2 發命中的環數與丙命中的其中 2 發一樣。

(4) 甲和丙只有 1 發環數相同。

(5) 每人每發子彈的最好成績不超過 7 環。

請問：甲和丙命中的相同環數是幾環？

152. 數學家打牌

一天，幾位數學家坐在一起打牌。打了一會兒之後旁邊有人問他們都還剩幾張牌。其中一位數學家保羅答道：「我的牌最多，約翰的其次，瓊斯的第三，艾倫的牌最少。我們 4 人剩下的牌總共不超過 17 張。如果把我們 4 個人的牌的數目相乘，就會得到這個數字。」說完，這位數學家在

一張紙上寫下了這個數字給他看。

那個人看了這個數字之後，說道：「讓我來試試把每個人牌的數目算出來。不過要解答這個問題，已知數據還不夠。請問艾倫，你的牌是一張呢，還是不止一張？」

艾倫回答了這個問題。那人聽了之後，很快就準確地計算出了每個人牌的數目。你能否算出每位數學家手裡各有幾張牌呢？

153. 賭注太小

王立平和李新遠在玩一個小小的火柴棒遊戲。

王立平開始分牌，並且定下了規則：第一局輸的人，將輸掉他所有火柴棒的 1/5；第二局輸的人，將輸掉他當時擁有的火柴棒的 1/4；第三局輸的人，必須拿出他當時擁有的火柴棒的 1/3。

於是他們開始玩，而且互相之間準確地結清輸掉的火柴棒，沒有出現

需要折斷火柴棒的情況。第三局李新遠輸了，結清輸掉的火柴棒後他站起來說：「我覺得這種遊戲投入的精力過多，回報太少。直到現在我們之間的火柴棒總共才相差 7 根。」已知該遊戲中兩人一共有 75 根火柴棒。

　　請問：在遊戲開始的時候，王立平有多少根火柴棒呢？

154. 買衣服

　　有 6 個同學一起去商店買衣服，其中有 2 名男同學，4 名女同學。他們各自購買了若干件衣服。購買情況如下。

　　(1) 每件衣服的價格都以分為最小單位。

　　(2) 甲購買了 1 件，乙購買了 2 件，丙購買了 3 件，丁購買了 4 件，戊購買了 5 件，而己購買了 6 件。

　　(3) 2 名男生購買的衣服，每件的單價都相同。

　　(4) 其他 4 名女同學購買的衣服，每件的單價都是男生所購買衣服單價的 2 倍。

　　(5) 這 6 人總共花了 1,000 元。

　　請問：這 6 人中哪兩個人是男生？

斜向擴展訓練營

155. 秤重的姿勢

一個人用 4 種姿勢秤自己的體重,請判斷以下哪種姿勢最準確,是蹲在體重計上、雙腳站立、單腳站立,還是平躺著呢?

156. 保持平衡

如圖 6－1 所示,若想讓下面這架天平保持平衡,右側問號處應該放入數字為幾的物體?

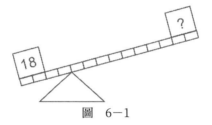

圖 6－1

157. 平衡還是不平衡

畢達哥拉斯是古希臘著名的數學家,門下弟子眾多。在一次講課中,他拿出四架天平,分別在這四架天平的兩邊放上一些幾何物體,同種形狀的物體大小、重量都相等,如圖 6－2 所示。畢達哥拉斯問眾弟子:「你們誰能告訴我,根據前三架天平的狀態來看,第四架天平是不是平衡呢?」眾弟子面面相覷,無人能答。你能解答這個問題嗎?

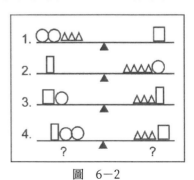

圖 6－2

158. 保持平衡

仔細觀察圖6－3所示的滑輪，每個相同形狀的物體的重量都是相同的，前三個滑輪系統都是平衡的狀態。請問：第四個滑輪系統要用多重的物體才能使其保持平衡呢？

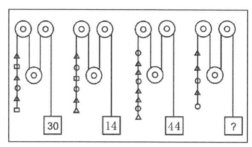

圖　6－3

159. 絕望的救助

一根繩子穿過無摩擦力的滑輪，其一端有一個大圓盤，上面坐著小紅，繩子的另一端是小明，正好取得平衡。小紅的位置比小明高1公尺，這時兩人都靜止在繩子上，突然小明發現小紅在流血，自己有有效的救治藥物，但是兩個人必須都在一個水平線上他才能把藥交給小紅。那麼小明該怎樣運動才能把藥給小紅呢？（假設繩索與滑輪本身沒有重量，也沒有摩擦力。）他是該向上爬還是向下爬呢？

160. 火災救生器

　　美國有一種火災救生器，其實就是在滑輪兩邊用繩索吊著兩個大籃子。把一個籃子放下去的時候，另一個籃子就會升上來，如果在其中的一個籃子裡放一件東西作為平衡物，則另一個較重的物體就可以放在另外的籃子裡往下送。假如一個籃子空著，另一個籃子裡放的東西不超過 15 公斤，則下降時可保證安全。假如兩個籃子裡都放著重物，則它們的重量之差也不得超過 15 公斤。

　　一天夜裡，吉姆的家裡突然發生火災。除了重 45 公斤的吉姆和他重 105 公斤的妻子之外，他還有一個重 15 公斤的孩子和一隻重 30 公斤的寵物狗。

　　現在已知每個籃子都大得足以裝進 3 個人和一隻狗，但別的東西都不能放在籃子裡，而且狗和孩子如果沒有吉姆或他的妻子的幫助，不會自己爬進或爬出籃子。

　　你能想出好辦法盡快使這 3 個人和一隻狗安全地從火中逃生嗎？

161. 是否平衡

　　請確認圖 6－4 所示的這個系統是否會平衡？

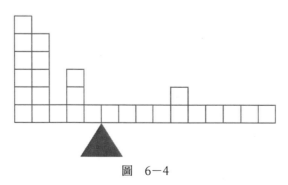

圖　6－4

第六章 秤球問題

162. 賣給誰

下班時間到了，米販有急事，準備關門。這時來了兩位客人，一位要買 10 公斤米，一位要買 4 公斤米。米販有一袋 12.5 公斤的稻米，不夠賣給兩個人，而且店裡只有一個可以量 0.5 公斤米的米杯。米販想用最短的時間完成交易後離開。請問他該把米賣給誰？

163. 燈泡的容積

發明家愛迪生曾經有一個名叫阿普頓的助手，他畢業於普林斯頓大學數學系，又在德國深造了一年，自以為天資聰明，頭腦靈活，甚至覺得自己比愛迪生還厲害很多，處處賣弄自己的學問。

有一次，愛迪生把一隻梨形的玻璃燈泡交給了阿普頓，請他算一算這個燈泡的容積是多少。阿普頓拿著那個玻璃燈泡，輕蔑地一笑，心想：「想用這個難住我，太小看我了！」

他拿出尺子上上下下量了又量，還依照燈泡的式樣畫了一張草圖，列出一道道計算式，數字、符號寫了一大堆。他算得非常認真，臉上都滲出了細細的汗珠。

過了一個多鐘頭，愛迪生問他算好了沒有，他邊擦汗邊說：「辦法有了，已經算了一半多了。」

愛迪生走過來一看，在阿普頓面前放著許多草稿紙，上面寫滿了密密麻麻的等式。愛迪生微笑著說：「何必這麼複雜呢？還是換個別的方法吧。」

阿普頓仍然固執地說：「不用換，我這個方法是最好、最簡便的。」

又過了一個多鐘頭，阿普頓還在低著頭列算式。愛迪生有些不耐煩了，馬上用一個非常簡單的辦法就做到了。你知道他是怎麼做的嗎？

164. 比面積

　　下面有兩塊相同材質的木板，但它們的形狀都很不規則，如圖6－5所示，現在請你用最簡單的辦法來比較一下哪一個的面積大。你知道怎麼做嗎？

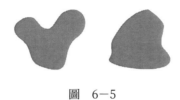

圖　6－5

答案

136. 巧辨壞球

將 12 個球編號為 1 ～ 12，秤量方法及結果如表 6－1 所示。

表　6－1

第一次		結果	第二次		結果	第三次		結果	結論
左	右		左	右		左	右		
1、2、3、4	5、6、7、8	右重	1、6、7、8	5、9、10、11	右重	1	2	右重	1 輕
								平衡	5 重
					平衡	2	3	右重	2 輕
								平衡	4 輕
								左重	3 輕
					左重	6	7	右重	7 重
								平衡	8 重
								左重	9 重
		平衡	1、2、3	9、10、11	右重	9	10	右重	10 重
								平衡	11 重
								左重	9 重
					平衡	1	12	右重	12 重
								左重	12 輕
					左重	9	10	右重	9 輕
								平衡	11 輕
								左重	10 輕
		左重	1、6、7、8	5、9、10、11	右重	6	7	右重	6 輕
								平衡	8 輕
								左重	7 輕
					平衡	2	3	右重	3 重
								平衡	4 重
								左重	2 重
					左重	1	2	平衡	5 輕
								左重	1 重

137. 秤量水果

把 10 個箱子分別編號 1 ～ 10，第 1 箱取 1 個，第 2 箱取 2 個⋯⋯第 10 箱取 10 個，放在秤上一起秤。本來應該是 55×500（克），當混入每個 400 克的桃子時，總重量會減少。

減少幾百克，就說明有幾個 400 克的桃子，也就知道幾號箱子裡是 400 克的桃子了。

138. 特別的秤重

第一步，先把 10 克的砝碼放在天平的一端，然後把這袋碳酸鈉分開放在天平的兩端使天平平衡，這時，天平兩端的碳酸鈉分別是 33 克和 23 克。

第二步，把 33 克粉末取下，然後仍然把 10 克的砝碼放在天平的一端，然後從 23 克碳酸鈉中取出一些放在天平的另一端，並使天平平衡，這時 23 克中剩下的就是 13 克。

第三步，重複第二步的動作，剩下的就是 3 克。

139. 藥劑師秤重

最簡單的方法是：第一次，把 30 克和 35 克的砝碼放在天平的一端，秤出 65 克藥粉；第二次，再用 35 克的砝碼秤出 35 克的藥粉，剩下的藥粉即為 200 克，再將 65 克藥粉加 35 克藥粉即為 100 克藥粉。

第六章　秤球問題

140.不準的天平

先把兩個砝碼都放在左邊，在右邊放上實驗物品，等兩邊平衡時，取下砝碼換成實驗物品；再次平衡時，左邊的物品就是 600 克。

141.分麵粉

第一次，在天平的左邊放兩個砝碼 2 ＋ 7 ＝ 9（克），右邊放 9 克麵粉。

第二次，在天平的左邊放 7 克的砝碼和剛量出的 9 克麵粉，7 ＋ 9 ＝ 16（克），右邊放 16 克麵粉。

第三次，在天平的左邊放前兩次分出的 9 ＋ 16 ＝ 25（克）麵粉，右邊放 25 克麵粉。

兩個 25 克的麵粉混合在一起，即得 50 克，剩下的為 90 克，分配完畢。

測出的麵粉還可以當作砝碼來測量物品，所以只要用 2 克、7 克以及它們的和 9 克湊出 25 克即可，即 7 ＋ 9 ＋ 9 ＝ 25（克）。

142.秤鹽

第一步，將 9,000 克鹽用天平平分，一邊是 4,500 克。

第二步，將 4,500 克鹽用天平再平分，一邊是 2,250 克。

第三步，在 2,250 克鹽中，用 50 克和 200 克的砝碼一起秤量出 250 克，剩下的就是 2,000 克的鹽。

143. 分辨膠囊

如果有三類藥，第一瓶藥取 1 顆，第二瓶藥取 10 顆，第三瓶藥取 100 顆，第四瓶藥取 1,000 顆，其他以此類推。

秤得總重量，那麼個位數上如果為 1，就說明第一瓶是 1 克的藥；如果為 2，就說明第一瓶是 2 克的藥；如果為 3，就說明第一瓶是 3 克的藥；十位數上的數字就是第二瓶藥的種類；百位就是第三瓶藥的種類……

對於四類藥、五類藥……只要藥的規格沒有大於 10 克都可以用這個方法。

但是若考慮到代價的問題，就要先看最重的藥是多重，比如上面的例子是 3 克，就不要用十進位，改用三進位。如果有 n 類藥，就用 n 進位。第一個瓶子取 n^0 顆藥，第二個瓶子取 n^1 顆藥……第 k 個瓶子取 n^{k-1} 顆藥。把最後算出來的重量從十進制轉換成 n 進制，然後從最低位向高位依次就是各瓶藥的規格。

144. 砝碼秤重

可以稱 6 種不同重量。從這 4 個砝碼中任意選擇 2 個組合，可以產生的不同組合是：

（10 克，20 克），（10 克，40 克），（10 克，80 克），（20 克，40 克），（20 克，80 克），（40 克，80 克）。

第六章　秤球問題

145. 砝碼數量

至少需要 5 個砝碼，分別重 1 克、3 克、9 克、27 克、81 克。

砝碼是可以放在天平左、右兩個托盤裡的，等號左邊代表被秤物，右邊代表砝碼。

$1 = 1$

$2 = 3 - 1$

$3 = 3$

$4 = 3 + 1$

$5 = 9 - 3 - 1$

$6 = 9 - 3$

$7 = 9 - 3 + 1$

$8 = 9 - 1$

$9 = 9$

$10 = 9 + 1$

$11 = 9 + 3 - 1$

……

121 之內都可以表示出來。

146. 零錢

硬幣：1 個一分，2 個二分，1 個五分。

紙幣：2 張一角，1 張兩角，1 張五角，2 張一元，1 張兩元，1 張五元。

147. 圈出的金額

運用 (2) 和 (3) 經過反覆試驗後，可以發現只有 4 對硬幣組合能滿足這樣的要求：一對中的兩組硬幣各為 4 枚，總價值相等，但彼此間沒有一枚硬幣面額相同。各對中每組硬幣的總價值分別為：40 美分、80 美分、125 美分和 130 美分。具體情況如下（S 代表 1 美元，H 代表 50 美分，Q 代表 25 美分，D 代表 10 美分，N 代表 5 美分的硬幣）：

DDDD　DDDH　QQQH　DDDS

QNNN　QNQQ　NDDS　QNHH

運用 (1) 和 (4) 可以看出，只有 30 美分和 100 美分能夠分別從兩對硬幣組中支出而不用找零，但是，在標價單中沒有 100 美分。因此，圈出的款額必定是 30 美分。

148. 找零錢

答案是老三。原因如下。

(1) 剛開始。

老大有 3 個 10 美分硬幣，1 個 25 美分硬幣，帳單為 50 美分。

老二有 1 個 50 美分硬幣，帳單為 25 美分。

老三有 1 個 5 美分硬幣，1 個 25 美分硬幣，帳單為 10 美分。

店主有 1 個 10 美分硬幣。

(2) 交換過程。

第一次調換：老大拿 3 個 10 美分硬幣換老三的 1 個 5 美分硬幣和 1 個 25 美分硬幣，此時老大手中有 1 個 5 美分硬幣和 2 個 25 美分硬幣，老三手中有 3 個 10 美分硬幣。

第二次調換：老大拿 2 個 25 美分硬幣換老二的 1 個 50 美分硬幣，此時老大有 5 美分、50 美分硬幣各一枚，老二有 2 個 25 美分硬幣。

(3) 支付過程。

老大有 5 美分、50 美分硬幣各一個，可以支付其 50 美分的帳單，不用找零。

老二有 2 個 25 美分硬幣，可以支付其 25 美分的帳單，不用找零。

老三有 3 個 10 美分硬幣，可以支付其 10 美分的帳單。

店主有 1 個 10 美分硬幣，以及 25 美分、50 美分硬幣各一枚。

(4) 老三買水果。

付帳後老三剩餘 2 個 20 美分硬幣，要買 5 美分的水果。而店主有 1 個 10 美分硬幣，以及 25 美分、50 美分硬幣各一枚，無法找開 10 美分，但硬幣和為 95 美分，能找開紙幣 1 美元。

於是得出答案，是老三用 1 美元的紙幣付了水果錢。

149. 需要買多少

答案為 18 瓶。

先買 18 瓶，喝完之後，用 18 個空瓶子可以換 6 瓶飲料，這樣就能讓 18＋6＝24（個）人喝到飲料了。然後再用 6 個空瓶子換 2 瓶飲料，喝到飲料的人就有 24＋2＝26（個）。向飲料店借 1 個空瓶子，加上剩下的 2 個空瓶子，換 1 瓶飲料給第 27 個人，喝完後，再把最後 1 個瓶子還給飲料店。

150. 老師的兒子

3 個兒子的年齡加起來等於 13，有表 6－2 中所示的幾種可能。

表　6－2

兒子一	兒子二	兒子三	年齡的積
1	1	11	11
1	2	10	20
1	3	9	27
1	4	8	32
1	5	7	35
1	6	6	36
2	2	9	36
2	3	8	48
2	4	7	56
2	5	6	60
3	3	7	63
3	4	6	72
3	5	5	75
4	4	5	80

有一個學生已經知道老師的年齡，但仍不能確定老師 3 個兒子的年齡，所以老師只能是 36 歲。

3 個兒子的年齡分別為 1 歲、6 歲、6 歲或 2 歲、2 歲、9 歲。又因為老師說只有一個兒子在托兒所，所以只能是 1 歲、6 歲、6 歲。如果是 2 歲、2 歲、9 歲，會有兩個兒子在托兒所。

151. 射擊比賽

條件這麼多，很難一下子滿足所有的條件，我們先把條件歸類，逐條去滿足。

首先，根據 (1)、(2)、(5) 三個條件，可以列舉出 4 個相加數字互不相同，且最大相加數字不超過 7 及總和為 17 的所有情況。

$1 + 3 + 6 + 7 = 17$

$1 + 4 + 5 + 7 = 17$

$2 + 3 + 5 + 7 = 17$

$2 + 4 + 5 + 6 = 17$

再根據 (3)、(4) 兩個條件不難看出，每人 4 發子彈的環數分別如下。

甲：1，3，6，7

乙：2，3，5，7

丙：2，4，5，6

從上面的分析可以看出，甲與丙的相同環數為 6。

另外，還有一個簡單的方法。

分別用甲1、甲2、甲3、甲4來表示甲的4發子彈的環數。假設甲1、甲2和乙1、乙2相同，乙3、乙4和丙1、丙2相同，所以甲3、甲4、乙1、乙2、乙3、乙4、丙3、丙4，這 8 個數除了重複的那個數，應該是 1～7，而這 8 個數的和是 17＋17＝34，所以重複的應該是 34－（1＋2＋3＋4＋5＋6＋7）＝6。

152.數學家打牌

首先，牌總數最多為 17 張，因此可以確定的是艾倫的牌最多有 2 張。若有 3 張或者 3 張以上，則其他三人至少分別有 6 張、5 張、4 張，總數大於 17 張。艾倫的牌有 2 張的情況如表 6−3 所示。

表 6-3

保羅	約翰	瓊斯	艾倫	對應編號
5	4	3	2	120
6	4	3	2	144
7	4	3	2	168
8	4	3	2	192
6	5	3	2	180
7	5	3	2	210
8	5	3	2	240

當艾倫的牌為 1 張的情況時，另外 3 人牌的張數相加小於等於 16，且 3 人牌的張數各不相同，3 人牌的張數中最小數大於等於 2，可以列出這 3 人牌的張數相乘的積最大為 $4 \times 5 \times 7 = 140$，其次為 $3 \times 5 \times 8 = 4 \times 5 \times 6 = 120$，再次為 $3 \times 4 \times 9 = 108$，此時已比上面所列最小積還要小。若答案在小於 108 的範圍內，則不需要知道艾倫手裡的牌是 1 張還是 2 張了。

所以，在知道 4 人的乘積及最小數是 1 還是 2 的情況下，如果還不能得出結論，只有在乘積為 120 時才有可能知道每個人手裡的牌數，即保羅為 5 張牌，約翰為 4 張牌，瓊斯為 3 張牌，艾倫為 2 張牌。

153. 賭注太小

第三局結束後，兩人火柴棒數之和是 75 根，火柴棒數之差是 7 根，所以，最後一個有 41 根，另一個有 34 根。由於只有 34 能被 2 整除，而李新遠第三局輸了，所以李新遠的火柴棒數是 34 根。所以第二局結束時，李新遠的火柴棒數是 $34 / 2 \times 3 = 51$（根），王立平的火柴棒數是 $75 - 51 = 24$（根）。24 和 51 都能被 3 整除，所以無法判斷誰贏了第二局。

假設李新遠贏了第二局，則第一局結束時，李新遠的火柴棒數是

51/ 3 × 4 ＝ 68（根），王立平的火柴棒數是 75 － 68 ＝ 7（根）。由於只有 68 能被 4 整除，所以第一局也是李新遠贏了，最開始時李新遠的火柴棒數是 68/ 4 × 5 ＝ 85（根），85 大於 75，所以假設錯誤，第二局是王立平贏了。

這樣第一局結束時，王立平的火柴棒數是 24/ 3 × 4 ＝ 32（根），李新遠的火柴棒數是 75 － 32 ＝ 43（根）。由於只有 32 能被 4 整除，所以第一局也是王立平贏了，則最開始王立平的火柴棒數是 32/ 4 × 5 ＝ 40（根），而李新遠的火柴棒數是 75 － 40 ＝ 35（根）。

154. 買衣服

6 個人中丁和己是男生。

假設男生買的衣服單價為 X，則所花的 1, 000 元可用下式表示：

$2 \times (1 + 2 + 3 + 4 + 5 + 6) X - N \times X = 1000$

其中，N 為兩名男生所買衣服件數的總和，取值範圍為 3 ～ 11。42 － N 的取值範圍為 31 ～ 39。

X 為男生所買衣服的單價，要求 1000/X 是個整數或者 2 位以內的有限小數。

解得

$42 - N = 1000/X$

可見，只有當 N 為 10 時，因為 42 － N ＝ 32，所以 1000/X 符合條件。而能等於 10 的只有 4 ＋ 6，也就由此得到本題的答案。

155. 秤重的姿勢

一樣的，只要不動都一樣。

156. 保持平衡

根據力與力臂的乘積相等，可以得到

$18 \times 3 = ? \times 9$

所以問號處的物體應該為 6。

157. 平衡還是不平衡

最終結果是第四架天平平衡。

假設：球＝A，三角形＝B，長方體＝C，正方體＝D，由圖 6－2 所示的情況可得出以下算式。

$$① \ 2A + 3B = D$$
$$② \ C = 4B + A$$
$$③ \ D + A = 3B + C$$

式①＋式②得

$$2A + 3B + C = A + 4B + D$$

即

$$④ \ A + C = B + D$$

式③＋式④得

$$2A + C + D = 4B + C + D$$

即

$$⑤ A = 2B$$

式④＋式⑤得

$$⑥ 2A + C = 3B + D$$

由式⑥可知最終結果。

158. 保持平衡

根據前三個系統平衡，計算出圓、三角形、方形物體的重量，然後再計算即可。第四個應該是 24。

159. 絕望的救助

不管小明怎麼爬，爬得快也好，爬得慢也好，甚至是跳躍，小明和小紅都會相距 1 公尺。甚至他放手往下掉，再抓住繩子時也是如此。

160. 火災救生器

吉姆和他的妻子、孩子與狗可以按下列順序逃生：降下孩子→降下小狗，升上孩子→降下吉姆，升上小狗→降下孩子→降下小狗，升上孩子→降下孩子→降下妻子，升上其他人及狗→降下孩子→降下小狗，升上孩子→降下孩子→降下吉姆，升上小狗→降下小狗，升上孩子→降下孩子。

161. 是否平衡

這是一個槓桿問題，利用力矩平衡原理很容易就可以判斷出來。從中心的三角形處開始算起，第一塊方塊的力臂長設為 1，則第二塊力臂為 3，第三塊力臂為 5，其他依此類推。然後分別用每個方塊乘以對應的力

臂，看最後結果是否相同，即可判斷圖6－4所示系統是否平衡。

左邊＝ $6\times 9+5\times 7+1\times 5+3\times 3+1\times 1 = 104$

右邊＝ $1\times 1+1\times 3+1\times 5+1\times 7+2\times 9+1\times 11+1\times 13+1\times 15+1\times 17+1\times 19 = 109$

所以不平衡。

162. 賣給誰

賣給買 10 公斤米的客人，這樣他只需把 12.5 公斤米舀出 2.5 公斤即可。如果賣給要買 4 公斤米的客人，則需要舀 4 公斤的米出來，耗時較久。

163. 燈泡的容積

他拿著玻璃燈泡，倒滿了水，然後交給阿普頓說：「去把燈泡裡的水倒到量筒裡量量，這就是我們需要的答案。」

經驗有時候確實可以幫助我們進行思考，但是許多經驗卻會限制思考的廣度和靈活性。當思考受阻時，就需要跳出思考的框架，從結果導向去思考問題。

164. 比面積

因為木板的材質是相同的，所以只要分別量一下兩塊木板的重量，就能知道哪塊木板的面積大了。

第六章　秤球問題

第七章　取水問題

取水問題是一個經典而有趣的邏輯題目。

取水問題的經典形式是這樣的。

假設有一個池塘，裡面有無窮多的水。現在有 2 個沒有刻度的空水壺，容積分別為 5 公升和 6 公升。

請問：如何用這兩個空水壺從池塘裡準確地取得 3 公升水？

事實上要解決這種問題，只需把兩個水壺中的一個從池塘裡取滿水，倒入另一個壺裡。

重複這一過程，當第二個水壺滿了的時候，把其中的水倒回池塘。反覆幾次，就能得到答案了。例如下題：

5 公升水壺取滿水，倒入 6 公升水壺中；5 公升水壺再取滿水，把 6 公升水壺灌滿，這時 5 公升水壺中還有 4 公升水，6 公升水壺滿了；把 6 公升水壺中的水倒光；5 公升水壺中的 4 公升水倒入 6 公升水壺中；5 公升水壺取滿水，再把 6 公升水壺倒滿，此時，5 公升水壺裡剩下的水正好為 3 公升。

取水問題還有一些更複雜的擴展變形形式，比如取水的壺不止兩個，例如有三個水壺，分別是 6 公升、10 公升和 45 公升，現在要取 31 公升水。

這樣就不能用上面的循環倒水法了。那麼我們應該如何在親自倒水之前就知道靠這些水壺是否一定能倒出若干公升水來呢？

簡單地說，這類題目就是用給定的三個數字，如何進行加減運算才能得出要取的數字？

就這個例子來說，我們知道，10 ＋ 10 ＋ 10 ＋ 10 ＋ 6 － 45 ＋ 10 ＋

10 ＋ 10 ＝ 31，那麼，根據這個算式我們就可以寫出取水的過程：首先用
10 升的水壺取滿水，倒入 45 公升水壺中，連續取 4 次，這樣 45 公升水壺
中有水 40 升；用 6 公升水壺取滿水，把 45 公升水壺倒滿，此時 6 公升水
壺中余 1 公升水；把 45 公升水壺裡的水倒出；用 10 公升水壺取滿水，倒
入 45 公升水壺中，連續取 3 次，這樣 45 公升水壺中有 30 公升水；把 6
公升水壺裡的 1 公升水倒入 45 公升水的壺中，即可得到想要的 31 公升水。

　　當然，我們可以發現，若想用這三個數字得到 31 的方法絕對不止這
一種，也就是說我們取水的過程並非唯一的。大家可以用其他的方法試
試看。

縱向擴展訓練營

165. 巧取3公升水

假設有一個池塘，裡面有無窮多的水。現有 2 個空水桶，容積分別為 5 公升和 6 公升。如何只用這 2 個水桶從池塘裡取 3 公升的水？

166. 如何秤4公升油

有個人想去店裡買 4 公升油，可是正巧店裡的秤壞了。店裡只有一個 3 公升的桶和一個 5 公升的桶，而且兩個桶的形狀上下都不均勻。只用這些工具，你能想辦法準確地秤出 4 公升油嗎？

167. 商人賣酒

有一個商人用一個大桶裝了 12 公升酒到市場上去賣，兩個酒鬼分別拿了 5 公升和 9 公升的桶，其中一個酒鬼要買 1 公升酒，另一個酒鬼要買 5 公升酒。這時，又來了一個人，什麼也沒拿，說剩下的 6 升酒連同桶他都要了。奇怪的是，他們之間的交易沒有用任何其他的秤量工具，只是用這三個桶倒來倒去就完成了。你知道他們是怎麼做的嗎？

168. 如何賣醬油

賣醬油的人有滿滿的兩桶醬油，每桶 10 公斤。這時候，來了兩個人想買醬油，一個人帶了一個 4 公斤的容器，另一個人帶了一個 5 公斤的容器。兩個人都想買 2 公斤醬油，賣醬油的人沒有其他的測量工具，但是這個聰明的商人只用兩名顧客的容器倒來倒去，就順利把醬油賣給了他們。請問他是怎麼做到的？

169. 賣酒

超市裡有兩桶滿的大吟釀，各是 50 公斤。一天，來了兩個顧客，分別帶來了一個可以裝 5 公斤酒和一個可以裝 4 公斤酒的瓶子，他們每人只買 2 公斤酒。如果只用這 4 個容器，你可以為他們兩個人的瓶子裡各倒入 2 公斤的酒嗎？

170. 平分24公斤油

張太太、李太太和王太太三人一起去買油。一個大桶裡有 24 公斤油，三人打算平分。可是李太太只帶了一個能裝 11 公斤油的桶，王太太的桶能裝 13 公斤，她們沒有秤，因此三人沒法分油。這時張太太又找到一個 5 公斤裝的空油瓶，她就用這幾個容器，倒來倒去，終於把油分裝好了。你知道張太太是怎麼分的嗎？

171. 分飲料

　　小陳有兩個小外甥。一天，他帶了一瓶 4 公升的果汁去看他們，並想把果汁平分給兩個孩子。但是他只找到了兩個空瓶子，一個容量是 1.5 公升，另一個容量是 2.5 公升。那麼，有什麼辦法可以用這三個瓶子把果汁平均分配給兩個外甥呢？

172. 分享美酒

　　4 個酒鬼合夥買了兩桶 8 公斤的酒，他們打算平分喝掉這些酒。但是他們手上沒有量具，只有一個可以裝 3 公斤酒的空酒瓶。如何用這 3 個沒有刻度的容器，讓 4 個人平分這些美酒呢？

173. 酒鬼分酒

　　老張和老李都是酒鬼，一次他們一起去買酒，一桶 8 公斤裝的大吟釀在打折，於是他們決定一起買下來然後平分。不過他們手上只有一個 5 公斤裝和一個 3 公斤裝的空瓶。兩個人倒來倒去，總是分不均勻。這時來了一個小孩，用一種方法，很快就把這些酒平分了。你知道他是怎麼分的嗎？

174. 老闆娘分酒

一人去酒店買酒，他明明知道店裡只有兩個舀酒的勺子，分別能舀 7 兩和 11 兩酒，卻硬要老闆娘賣給他 2 兩酒。老闆娘很聰明，用這兩個勺子在酒缸裡舀酒，並倒來倒去，居然量出了 2 兩酒，你能做到嗎？

175. 分米

有一個商人挑著擔子去市場上賣米。他要把 10 公斤米平均分裝在兩個籮筐中以保持平衡，但手中沒有秤，只有一個能裝 10 公斤米的袋子，一個能裝 7 公斤米的桶和一個能裝 3 公斤米的臉盆。請問：他應該怎樣平分這 10 公斤米呢？

橫向擴展訓練營

176. 賣糖果

　　小新的爸爸開了一間糖果店，週日，爸爸讓小新幫忙看店，自己則有事出門。之前有客人說要訂購一批糖果，只記得是不超過 1,500 顆糖，但是具體數字一直沒有確定下來，週日來拿。不巧的是小新不會包裝糖果，爸爸就把 1,500 顆糖包裝成了 11 包，這樣顧客無論要買的是多少顆，都可以不用打開包裝直接給他。

　　請問：你知道小新的爸爸是怎麼包的嗎？

177. 分蘋果

　　總公司分給某銷售端一箱蘋果共 48個，並給出了分配方法：把蘋果分成 4份，並且使第一份加 2，第二份減 2，第三份乘 2，第四份除 2 與蘋果的總數一致。如果你是該銷售端的負責人，應該怎麼分呢？

178. 分羊

有一個牧民死後留下一群羊，同時立了個奇怪的遺囑：「把羊的 2/3 分給兒子，剩下的羊的 2/3 分給妻子，再剩下的羊的 2/3 分給女兒，就沒有了。」3 個人數了數羊，一共有 26 隻，卻不知道該怎麼按牧民的遺囑來分。你能幫助他們嗎？

179. 分棗子

幼稚園裡的園長給了新來的老師一包棗子，讓她把這些棗子分給小朋友們，並告訴她分法：第一個小朋友得到 1 顆棗子和餘數的 1/9；第二個小朋友得到 2 顆棗子和餘數的 1/9；第三個小朋友得到 3 顆棗子和餘數的 1/9；給剩下的小朋友的棗子數皆以此類推。園長告訴她只要按照這個方法分，所有小朋友都會得到棗子，而且是公平合理的。老師將信將疑地按園長的分法做了，結果確實如此。請問，一共有幾個小朋友？每人分到幾顆棗子呢？

180. 海盜分椰子

一艘海盜船被天上砸下來的一塊石頭擊中了，5 個倒楣的海盜只好逃難到一座孤島上，他們發現島上空蕩蕩的，只有一棵椰子樹和一隻猴子。

大家把椰子全部採摘下來放在一起，但是天已經很晚了，所以大家就決定先去睡覺。

晚上某個海盜起床悄悄地將椰子分成 5 份，結果發現多一個椰子，就順手給了那隻猴子，然後悄悄地藏了一份，把剩下的椰子混在一起放回原處後，悄悄地回去睡覺了。

過了一會兒，另一個海盜也起床悄悄地將剩下的椰子分成 5 份，結果

發現多一個椰子，順手就又給了猴子，然後悄悄地藏了一份，把剩下的椰子混在一起放回原處後，悄悄地回去睡覺了。

又過了一會兒……

總之，5個海盜都起床過，都做了一樣的事情。早上大家都起床後，開始各自心懷鬼胎地分椰子，這個猴子還真不是一般的幸運，因為這次把椰子分成5份後居然還是多一個椰子，只好又給牠了。

請問：這堆椰子最少有多少個？

181.午餐分錢

約克和湯姆結伴旅遊，他們一起吃午餐。約克帶了3塊餅，湯姆帶了5塊餅。這時有一個路人路過，他餓了。約克和湯姆邀請他一起吃飯，約克、湯姆和路人將8塊餅全部吃完。

吃完飯後，路人感謝他們的午餐，給了他們 8 個金幣。

約克和湯姆為這 8 個金幣的分配展開了爭執。湯姆說：「我帶了 5 塊餅，理應我得 5 個金幣，你得 3 個金幣。」約克不同意：「既然我們在一起吃這 8 塊餅，理應平分這 8 個金幣。」

約克堅持認為每人應各得 4 個金幣。為此，約克找到公正的法官。

法官說：「孩子，湯姆給你 3 個金幣，因為你們是朋友，你應該接受它；如果你要公正的話，那麼我告訴你，公正的分法是，你應當得到 1 個金幣，而你的朋友湯姆應該得到 7 個金幣。」約克不理解。

請問：你知道這是為什麼嗎？

182. 公平分配

3 個人共同出錢，到鎮上去買生活用品。回來後，除了酒之外的其他物品都可以均勻地分成 3 份。由於買得當下粗心大意，回來後他們才發現所買的 21 瓶酒被商家動了手腳：除了最上面一層的 7 瓶酒是滿的，中間一層的 7 瓶酒都只有一半，而最下面一層的 7 瓶酒是空瓶子。請問：3 個人應該如何公平地分這些酒呢？（提示：兩個半瓶可以合為一個滿瓶。）

183. 巧分銀子

10 個兄弟分 100 兩銀子，從小到大，每兩人相差的數量都一樣。已知第八個兄弟分到了 6 兩銀子。請問：每兩個人相差的銀子是多少？

184. 大牧場主的遺囑

有個牧場主要把自己的產業分給他的兒子們，於是召集他們後宣讀遺囑。

他對大兒子說：「兒子，你認為你能夠養多少頭牛，你就拿走多少；你的妻子可以獲得剩下的牛的 1/9。」

他又對二兒子說：「你可以拿走比大哥多一頭牛，因為他有了先挑的機會；至於你的妻子，可以獲得剩下的牛的 1/9。」

然後對其餘的兒子也說了類似的話，每人拿到比他大一點的哥哥的牛數多一頭，而他們的妻子則獲得剩下的牛的 1/9。

當最小的兒子拿完牛之後，所有的牛都分配完了。

於是牧場主又說：「馬的價值是牛的 2 倍，剩下的 7 匹馬的分配得使每個家庭得到同樣價值的牲口。」

請問：大牧場主共有多少頭牛？他有幾個兒子？

185. 古羅馬人遺囑問題

傳說，有一個古羅馬人，在他臨死時，給懷孕的妻子寫了一份遺囑：生下來的如果是兒子，就把遺產的 2/3 給兒子，母親拿 1/3；生下來的如果是女兒，就把遺產的 1/3 給女兒，母親拿 2/3。結果這位妻子生了一男一女。請問：該怎樣分配才能接近遺囑的要求呢？

斜向擴展訓練營

186. 盲人分衣服

有兩個盲人各自買了兩件一樣的黑衣服和兩件一樣的白衣服，但是他們把這些衣服放混了，但是不久他們沒有經過任何人的幫助就自己把這些衣服分開了。你知道他們是怎麼做到的嗎？

187. 盲人分襪

有兩位盲人他們都各自買了 2 雙黑襪和 2 雙白襪，4 雙襪子的材質、大小完全相同，且每雙襪子都有一張商標紙連著。兩位盲人不小心將 4 雙襪子混在了一起。他們要怎樣做才能取回黑襪和白襪各 2 雙呢？

188. 巧分稻米和小麥

王阿姨去市場買了 10 公斤稻米，又替張奶奶買了 10 公斤小麥。但是由於只帶了一個布袋，所以她將小麥放在了布袋裡，然後紮緊，又將稻米裝在了上層。她準備回家以後先把稻米倒出來，然後再用原布袋把張奶奶的小麥送過去。可是就在王阿姨回家的路上，正好遇到了拿著布袋的張奶奶。

請問：在沒有任何其他容器的情況下，怎樣才能把各自的糧食裝到自己的布袋裡呢？

189. 平分油

有兩個不規則但大小、形狀、輕重都完全一樣的塑膠油壺，一個油壺中裝有大半壺油，另一個油壺中是空的。請問：在沒有秤量工具的情況下，如何用最簡單的辦法把這些油平分？

190. 各拿了多少錢

4 個小朋友出去買零食。

小明說：「我有 1 元。」

小紅說：「我們 4 個人的錢相加是 6.75元。」

小新說：「我們 4 個人的錢相乘也是6.75 元。」

小志說：「小明的錢最少，我的錢最多，小新比小紅的錢多。」

你能知道他們每個人各有多少錢嗎？

191. 司令的命令

司令帶兵出征前，給糧草官留下命令：如果劉軍長來借糧，由於他是自己人，可把糧草的 2/3 給他，自己留 1/3；如果張軍長來借糧，因為他是盟友，給他 1/3 糧草，自己留 2/3。結果劉軍長和張軍長同時來借糧。請問：糧草官怎麼分配才不違背司令的命令呢？

192. 分蛋糕

小霞過生日，家裡來了 19 個同學。爸爸買了 9 個小蛋糕來招待這 20 個小朋友。但是該怎麼分呢？應該每個人都要有份。那就只有把這些小蛋糕切開了，可是切成碎塊太難看了，爸爸希望每個蛋糕最多分成 5 塊。

你有什麼辦法嗎？

193. 分田地

有個村子在分配田地。最後只剩下兩個農戶了，他們兩戶要分三塊地。三塊地正好都是正方形的，邊長分別為 30 公尺、40 公尺、50 公尺。村民打算把這三塊地平均分給兩個農戶，該怎麼分？

194. 解救女兒

又到了一年收租的時候了，由於水災，佃農老牛家今年麥子歉收，拿不出麥子交租，便到地主家求情。地主說：「如果我就這麼放了你，別人都不交租給我了，那我豈不就沒有任何辦法了？你把你的女兒賣給我頂替今年的租吧！」老牛很愛自己的女兒，誓死不肯把女兒抵給地主，就說：「如果這樣的話，不如殺死我。」地主說：「那我出一道題，你能答出來，就寬限你一年時間交租。我這裡有兩個水缸，每個水缸能裝 7 桶水，左邊

這個已經裝滿了，右邊的那個只裝了 4 桶水。拿著這個水桶，只准你使用一次，在不搬動水缸的情況下，讓右邊水缸裡的水比左邊水缸裡的水多。你要是做不到就讓你女兒來我家做工吧！不要說我沒有給你機會。」別的長工聽到這個題目都覺得老牛這下完蛋了，因為誰都知道，如果只允許用水桶舀一次，那麼兩個水缸裡的水將是 7 － 1 ＝ 6 和 4 ＋ 1 ＝ 5。後者怎麼可能比前者多呢？

就在老牛一籌莫展的時候，老牛的妻子想出了一條妙計。最後地主不得不放了老牛的女兒。你知道她是怎麼做到的嗎？

195. 倒硫酸

大家都知道硫酸有強烈的腐蝕性，所以在倒的時候需要特別小心。一次，小明需要 5 公升硫酸，但是實驗室裡只有一個裝有 8 公升硫酸的瓶子，這個瓶子上有 5 公升和 10 公升兩個刻度。請問：他該如何準確地倒出 5 公升硫酸呢？

答案

165. 巧取3公升水

先用 6 公升的水壺取 6 公升水，然後從 6 公升水壺往 5 公升水壺中倒滿水，那麼 6 公升水壺還剩下 1 公升水。把 5 公升水壺的水倒光，再把 6 公升水壺裡的 1 公升水倒入 5 公升水壺裡。然後把 6 公升水壺取滿水，往 5 公升水壺裡倒水，倒滿時，6 公升水壺裡還剩下 2 公升水。把 5 公升水壺的水倒光，再把 6 公升水壺裡的 2 公升水倒入 5 公升水壺裡。用 6 公升水壺取滿水，往 5 公升水壺裡倒水，倒滿時，共往 5 公升水壺裡倒了 3 公升水，6 公升水壺裡還剩下 3 公升水，就得到了 3 升的水。

166. 如何秤4公升油

本題就是分析用 3、5 兩個數如何得到 4。即

$5 - 3 = 2，3 - 2 = 1，5 - 1 = 4$

也就是說，用 5 公升的桶裝滿油倒入 3 公升的桶，剩下 2 公升；然後把 3 公升的桶倒空，把 2 公升油再倒進去；之後倒滿 5 公升的桶，用它把 3 公升的桶倒滿，這樣 5 公升的桶裡剩下的就是 4 公升。

167. 商人賣酒

先從大桶中倒出 5 公升酒到 5 公升的桶裡，然後將其倒入 9 公升的桶裡；再從大桶裡倒出 5 公升的酒到 5 公升的桶裡，然後用 5 公升桶裡的酒將 9 公升的桶灌滿。現在，大桶裡剩下 2 公升酒，9 公升的桶則已裝滿，5 公升的桶裡有 1 公升酒。再將 9 公升的桶裡的酒全部倒回大桶裡，大桶裡有 11 公升酒。把 5 公升桶裡的 1 公升酒倒進 9 公升的桶裡，再從大桶

裡倒出 5 公升酒，現在大桶裡有 6 公升酒，而另外 6 公升酒也被分成了 1 公升和 5 公升兩份。

168. 如何賣醬油

賣醬油的方法如表 7－1 所示。即第 1 次將大容器倒滿，第 2 次用大容器將小容器倒滿，第 3 次將小容器的醬油倒入大桶。其他以此類推。

表　7－1

單位：公斤

次數	10 公斤 / 桶	10 公斤 / 桶	5 公斤 / 容器	4 公斤 / 容器
0	10	10	0	0
1	5	10	5	0
2	5	10	1	4
3	9	10	1	0
4	9	10	0	1
5	4	10	5	1
6	4	10	2	4
7	8	10	2	0
8	8	6	2	4
9	10	6	2	2

169. 賣酒

假設兩個裝滿酒的桶分別為 A 桶和 B 桶，倒酒的步驟如下：從 A 桶中倒出酒並把 5 公斤的瓶子倒滿，然後用 5 公斤的瓶子把 4 公斤的瓶子倒滿，這時，5 公斤的瓶子裡只剩 1 公斤酒；將 4 公斤的瓶子裡的酒倒回 A 桶，把 5 公斤的瓶子裡的 1 公斤酒倒入 4 公斤的瓶子；從 A 桶中倒出酒並把 5 公斤的瓶子倒滿，然後用 5 公斤的瓶子把 4 公斤的瓶子倒滿，這時，5 公斤的瓶子裡剩餘的酒就是 2 公斤；將 4 公斤的瓶子中的酒倒回 A 桶，然後用 B 桶把 4 公斤的瓶子倒滿；再用 4 公斤的瓶子中的酒把 A 桶加滿，這時 4 公斤的瓶子中剩餘的酒也是 2 公斤。

170. 平分24公斤油

先把 13 公斤的桶裝滿，然後用 13 公斤的桶倒滿 5 公斤的瓶，這時 13 公斤的桶裡就剩下 8 公斤，也就是 1/3。將 1/3 的油倒入 11 公斤的桶中，分給其中一位。再用倒滿 13 公斤的桶重新來一次，就完成了。

171. 分飲料

用 4 公升瓶子裡的果汁把 2.5 公升瓶子倒滿，用 2.5 公升瓶子裡的果汁把 1.5 公升瓶子倒滿，把 1.5 公升瓶子裡的果汁倒回 4 公升瓶子中，並把 2.5 公升瓶子中的 1 公升倒回 1.5 公升瓶子中；用 4 公升瓶子中的 3 升把 2.5 公升瓶子倒滿，然後用 2.5 公升瓶子中的果汁把 1.5 公升瓶子倒滿，把 1.5 公升瓶子中的果汁倒回 4 公升瓶子中。這時，4 公升瓶子和 2.5 公升瓶子中的果汁都是 2 公升的，正好平均分配了。

172. 分享美酒

兩個 8 公斤的桶分別設為 1 號和 2 號，3 公斤的空酒瓶設為 3 號。4 個人設為甲、乙、丙、丁，16 公斤的酒要讓 4 人平分的話，每人應分到 4 公斤。

（1）用 1 號的酒把 3 號倒滿，讓甲喝掉 3 號裡的 3 公斤酒；然後再把 1 號的酒倒滿 3 號，讓乙喝掉 1 號剩下的 2 公斤酒，這時 1 號容器是空的，2 號、3 號都是滿的。此時甲喝了 3 公斤酒，乙喝了 2 公斤酒，丙、丁都沒喝。

（2）把 3 號裡的 3 公斤酒倒入空的 1 號裡，接著把 2 號裡的酒倒入 3 號，3 號再倒入 1 號；再把 2 號裡的酒倒入 3 號，3 號裡有 3 公斤酒，而 1 號只能再倒 2 公斤酒；當 1 號倒滿時，3 號裡剩下 1 公斤，這樣 1 號裡有 8 公斤酒，2 號裡有 2 公斤酒，3 號裡剩下 1 公斤酒。將 3 號裡的 1 公斤酒讓丙喝。

（3）把 1 號的酒倒入空的 3 號，再把 2 號的酒倒入 1 號，這樣 1 號裡有 7 公斤酒，3 號裡有 3 公斤酒。接著把 3 號的酒倒入 2 號，把 1 號的酒倒入 3 號，3 號的酒再倒入 2 號，1 號的酒再倒入 3 號，這時 1 號裡有 1 公斤酒，2 號裡有 6 公斤酒，3 號裡有 3 公斤酒。1 號的 1 公斤酒讓丁喝。

（4）用 3 號的酒把 2 號倒滿，這樣 3 號就剩下 1 公斤酒，讓甲把 3 號的酒喝掉，甲喝了 3 ＋ 1 ＝ 4（公斤）。這時 1 號和 3 號是空的，2 號是滿的，再把 2 號的酒倒入 3 號，讓丙把 3 號的酒喝掉，丙喝了 1 ＋ 3 ＝ 4（公斤）。

（5）再把 2 號的酒倒入 3 號，這時 2 號裡有 2 公斤酒，3 號裡有 3 公斤酒。讓乙把 2 號的酒喝掉，乙喝了 2 ＋ 2 ＝ 4（公斤）；丁把 3 號的酒喝掉，丁喝了 1 ＋ 3 ＝ 4（公斤）。

如此下來，4 個人都喝足了 4 公斤酒。

173. 酒鬼分酒

平分的方法如表 7－2 所示。

表　7－2

次數	類型		
	8 公斤瓶	5 公斤瓶	3 公斤瓶
第一次	3	5	0
第二次	3	2	3
第三次	6	2	0
第四次	6	0	2
第五次	1	5	2
第六次	1	4	3
第七次	4	4	0

174. 老闆娘分酒

　　將 11 兩的勺子盛滿酒，倒滿 7 兩的勺子，剩下 4 兩酒；將 7 兩的勺子倒空，剩下的 4 兩酒倒入 7 兩的勺子中；11 兩的勺子重新盛滿酒，把 7 兩的勺子（原有 4 兩酒）倒滿，剩下 8 兩酒；將 7 兩的勺子倒空，11 兩的勺子裡剩下的 8 兩酒倒滿 7 兩的勺子，剩下 1 兩酒；將 7 兩的勺子倒空，11 兩的勺子裡剩下的 1 兩酒倒入 7 兩的勺子中；將 11 兩的勺子重新盛滿酒，把 7 兩的勺子（原有 1 兩酒）倒滿，剩下 5 兩酒；將 7 兩的勺子倒空，11 兩的勺子裡的 5 兩酒倒入 7 兩的勺子中；將 11 兩的勺子重新盛滿酒，把 7 兩的勺子（原有 5 兩酒）倒滿，剩下 9 兩酒；將 7 兩的勺子倒空，11 兩的勺子裡剩下的 9 兩酒倒滿 7 兩的勺子，剩下的就是 2 兩酒。

175. 分米

　　(1) 兩次裝滿臉盆，倒入 7 公斤的桶裡，這樣桶裡就有 6 公斤米。

　　(2) 再往臉盆裡倒滿米，用臉盆裡的米將桶裝滿，這樣臉盆中還有 2 公斤米。

　　(3) 將桶裡的 7 公斤米全部倒入 10 公斤的袋子中。

　　(4) 將臉盆中剩餘的 2 公斤米倒入 7 公斤的桶裡。

　　(5) 將袋子裡的米倒 3 公斤在臉盆中，再把臉盆中的米倒入桶裡，這樣桶和袋子裡就各有 5 公斤米了。

176. 賣糖果

　　把 1,500 顆糖分成 1、2、4、8、16、32、64、128、256、512、541 共十一份，每份包成一包，這樣只要少於 1,500 顆糖，無論客人要多少顆，都可以成包買走。

177. 分蘋果

4 份分別是 6、12、9、27。

假設最後都為 x，則第一份為 x − 3，第二份為 x ＋ 3，第三份為 x/3，第四份為 3x，總和為 48，求得 x ＝ 9。這樣就可以知道原來每一份各是多少了。

178. 分羊

從鄰居家借一頭羊，這樣一共就有 27 隻，把 2/3，也就是 18 隻分給兒子；剩下 9 隻的 2/3，即 6 隻分給妻子；剩下 3 隻的 2/3，即 2 隻給女兒；再把剩下的一隻還給鄰居，這樣就分完了。最後每人分別分到 18 隻、6 隻、2 隻羊。

179. 分棗子

一共有 8 個小朋友，每人分到 8 顆棗子。

180. 海盜分椰子

15, 621 個。解答方法有很多，下面是最容易理解的一種。

假設增加 4 個給這堆椰子，則每次就會剛好分完而沒有剩餘。

解：設椰子總數為 n − 4，天亮後每人分到的個數為 a，則

$$\frac{1}{5} \times \frac{4}{5} \times \frac{4}{5} \times \frac{4}{5} \times \frac{4}{5} \times \frac{4}{5} \times n = a$$

$$\frac{1024}{15\,625} \times n = a$$

因為 a 是整數，所以 n 最小為 15625，則

n － 4 ＝ 15621

還可以設最開始有 X 個椰子，天亮時每人分到 Y 個椰子，則

X ＝ 5A ＋ 1

4A ＝ 5B ＋ 1

4B ＝ 5C ＋ 1

4C ＝ 5D ＋ 1

4D ＝ 5E ＋ 1

4E ＝ 5Y ＋ 1

化簡以後得

1024X ＝ 15635Y ＋ 11529

　　這是個不定方程式，依照題目可求最小正整數的解。如果 X_1 是這個方程的解，則 X_1 ＋ 15625（5^6 ＝ 15625，因為椰子被連續 6 次分為 5 堆）也是該方程式的解，那麼用個取巧的方法來解，就是設 Y ＝ － 1，則 X ＝ － 4。如果最開始有 － 4 個椰子，那麼大家可以算一下，無論分多少次，都是符合題意的，所以把 － 4 加上 15625 就是最小的正整數的解了，因此答案是 15621 個。

181.午餐分錢

　　因為 3 人吃了 8 塊餅，其中，約克帶了 3 塊餅，湯姆帶了 5 塊。約克吃了其中的 1/3，即 8/3 塊；路人吃了約克帶的餅中的 3 － 8/3 ＝ 1/3；湯姆也吃了 8/3，路人吃了他帶的餅中的 5 － 8/3 ＝ 7/3。這樣，路人所吃的 8/3 塊餅中，有約克的 1/3，湯姆的 7/3。路人所吃的餅中，屬於湯姆的是屬於約克的 7 倍。因此，對於這 8 個金幣，公平的分法是：約克得 1 個金幣，湯姆得 7 個金幣。

182.公平分配

把剩下 7 個半瓶的酒中的 2 個半瓶倒入另外 2 個半瓶中，這樣就有 9 個是滿的，3 個半滿的，9 個空的。這樣 1 個人即可分得 3 個滿的，1 個半瓶的，3 個空瓶。

183.巧分銀子

因為每兩個人相差的數量相等，第 1 個與第 10 個兄弟，第 2 個與第 9 個兄弟，第 3 個與第 8 個兄弟，第 4 個與第 7 個兄弟，第 5 個與第 6 個兄弟，每兩個兄弟分到銀子的數量的和都是 20 兩，而第 8 個兄弟分到 6 兩，這樣可求出第 3 個兄弟分到銀子的數量為 20 － 6 ＝ 14（兩）。而從第 3 個兄弟到第 8 個兄弟中間有 5 個兩人的差，由此便可求出每兩人相差的銀子為（14 － 6）/ 5 ＝ 1.6（兩）。

184.大牧場主的遺囑

大牧場主有 7 個兒子，56 頭牛。第 1 個兒子拿了 2 頭牛，他的老婆拿了 6 頭；第 2 個兒子拿了 3 頭牛，他的老婆拿了 5 頭；第 3 個兒子拿了 4 頭牛，他的老婆也拿了 4 頭。以此類推，直到最後，第 7 個兒子拿到 8 頭牛，但牛已經全部分光。現在每個家庭都分到 8 頭牛，所以每家可以再分到 1 匹馬，於是他們都分到了價值相等的牲口。

185.古羅馬人遺囑問題

其實這個問題很簡單，只要滿足一點，就是兒子所得是母親的 2 倍，母親所得是女兒的 2 倍，即可滿足古羅馬人的遺囑。

列個方程式就可以很方便地解出這個問題。首先，設女兒所得為 x，則媽媽所得為 2x，兒子所得為 4x。

所以分配方法為將所有財產平均分為 7 份，兒子得 4 份，母親得 2 份，女兒得 1 份。

186. 盲人分衣服

他們把衣服放在太陽下晒，過一段時間去摸一下，黑色的衣服會更熱一些，而白色的衣服不怎麼吸熱，這樣就可以分開了。

187. 盲人分襪

因為 4 雙襪子的材質、大小完全相同，他們把商標紙撕開，每人取每雙中的一隻，然後重新組合成兩雙白襪和兩雙黑襪就可以了。

188. 巧分稻米和小麥

先把張奶奶的布袋翻過來，把王阿姨的稻米倒入張奶奶的布袋裡，紮上繩子。然後把張奶奶的布袋的上半截翻過來，倒入小麥。再解開張奶奶布袋的繩子，把下面裝的稻米倒入王阿姨的布袋裡。

189. 平分油

把它們放在水中，然後一點點倒油並調整，直至兩個油壺的吃水線相同為止。

190. 各拿了多少錢

4 個人分別為 1 元、1.5 元、2 元、2.25 元。

191. 司令的命令

其實這個問題很簡單，只要滿足一點，就是劉軍長的所得是留下的 2 倍，留下的是張軍長借走的 2 倍，即可滿足司令的命令。

所以分配的方法為將所有糧草平均分為 7 份，劉軍長得 4 份，自己留 2 份，張軍長得 1 份。

192. 分蛋糕

把 4 個小蛋糕各切成 5 份，然後把這 20 塊分給 20 個人每人一塊。另 5 個小蛋糕切成 4 等份，也分給每人一塊。於是，每個孩子都得到一個 1／5 塊和一個 1／4 塊，這樣，20 個孩子都平均到了小蛋糕。

193. 分田地

經過計算可以知道：$30^2 + 40^2 = 900 + 1600 = 2500 = 50^2$。由此可見最大一塊地的面積正好是兩塊地面積的和。所以，最簡單的方法是：將最大的一塊地給一戶農民，另外兩塊給另一戶。

194. 解救女兒

在用水桶舀水之前，先把水桶正面朝上著按入左邊水缸裡，由於水缸是滿的，所以水會溢出來。水桶裡面是空的，加上水桶有一定厚度，所以按下水桶可以擠出超過 1 水桶的水，再舀出 1 水桶的水並倒入右邊的水缸裡，就達到了目的。

第七章　取水問題

195.倒硫酸

　　他先找一些玻璃球，放入硫酸中，使液面升至 10 公升處，然後再把硫酸倒出到 5 公升的位置即可。

第八章　猜數字遊戲

猜數字遊戲。曾是一種風靡一時的經典益智遊戲。

猜數字遊戲介紹如下。

（1）遊戲開始，電腦會隨機產生一個數字不重複的四位數。

（2）你將自己猜的四個數字填在答案框內提交。

（3）電腦會將你提交的數字與它產生的數字進行比較，結果用「＊A ＊B」的形式表示。

A 代表位置正確數字也正確，B 代表數字正確但位置不正確。比如，「1A 2B」表示你猜的數字中有 1 個數字的位置正確且數字也正確；另外，你還猜對了 2 個數字，但位置不對。

（4）如果你能在 10 次嘗試之內，把所有數字和位置全部猜對，即結果為「4A 0B」，則遊戲成功。

下面列舉一個實例。

電腦隨機產生的一個數字是 9154。當然，我們不會提前知道該數字，我們能夠做的就是一次次嘗試。

第一次，我們沒有得到任何提示，為了方便，按照數字順序猜數即可，比如我們選擇 1234。結果系統會提示我們 1A 1B，即 1、2、3、4 四個數中有兩個數字是選中數字，且有一個位置選對了。

第二次，我們重新選擇四個數字 5678，系統提示的結果為 0A 1B。也就是說，5、6、7、8 中有一個數字是選中數字，但位置不對。同時我們還可以得出一個結論，數字 9 和 0 裡有且只有一個是選中數字。

第三次，我們選擇數字 0987，系統提示的結果為 0A 1B。因為我們

知道，0 和 9 中有一個是選中數字，同時 8 和 7 交換位置來推斷位置的正確性。這時可以排除 8 和 7 是選中數字，而且 5 和 6 中有且只有一個選中數字。

第四次，我們選擇數字 7560，系統提示的結果為 0A 1B。因為此時不確定因素太多，所以我們把已經確定不是選中數字的 7 加進來是為了減少確定數字的難度，同時記得變換 5 和 6 的位置。此時，我們可以確定數字 0 不是選中數字，而 9 是選中數字，同時也排除了一些數字不可能在的位置。

第五次，我們選擇數字 5634，系統提示的結果為 1A 1B。前面我們知道，5 和 6 中有一個選中數字，但位置不對，這就說明 3 和 4 中有一個選中數字，且位置是對的。

第六次，我們選擇數字 9634，系統提示的結果為 2A 0B。前面我們知道，9 是選中數字，換了它之後，正確的數字沒有增加，說明替換掉的 5 是選中數字，而且 9 的位置也是正確的。

第七次，我們選擇數字 9254，系統提示的結果為 3A 0B。首位是 9 毫無疑問，然後加入上一步確認的數字 5，因為前面已經確認 5 不在第 1 位和第 2 位，所以本次放在第 3 位來確認位置，4 的位置不變。如果放在第 2 位的數字 2 是選中數字，那麼提示的結果必定會至少出現一個 B，從而得出 2 不是選中數字，1 才是。

第八次，確定了的四個數字是 9154，從而得到正確答案。

當然，猜數字遊戲的步驟不是唯一的。如果你足夠聰明，可能可以用更少的次數就可以猜出正確答案。我們在測試不同數字的時候會提示不同的結果，下一步用什麼策略也是根據不同的結果決定的，沒有一定。但是在猜數字的過程中，一些重要的技巧卻是常用的。

比如，將數字分組，先確認每組中選中數字的個數，比如在換位置的時候範圍不要太大，否則變數太大，比如用明知不是選中數字或者明知是選中數字的數字來減少選擇，從而快速地確認正確的數字和位置，比如經常變換數字的位置和順序來判斷位置的正確性等。

縱向擴展訓練營

196. 猜帽子上的數字

100 個人每人戴一頂帽子，每頂帽子上有一個數字（數字限制在 0 ～ 99 的整數），這些數字有可能重複。每個人只能看到其他 99 個人帽子上的數字，看不到自己帽子上的數字。這時要求所有人同時說出一個數字，是否存在一個策略，能讓至少有一個人說出的是自己頭上帽子的數字？如果存在，請描述具體的推算方法；如果不存在，請給出嚴格的證明。

197. 各是什麼數字

A、B、C 3 個人頭上的帽子上各有一個大於 0 的整數，3 個人都只能看到別人頭上的數字，看不到自己頭上的數字。但有一點是 3 個人都知道的，那就是 3 個人都是很有邏輯的人，他們總是可以做出正確的判斷，並且 3 個人總是說實話。

現在，告訴 3 個人已知條件為：其中一個數字為另外兩個數字之和，然後開始對 3 個人提問。

先問 A：「你知道自己頭上的數字是多少嗎？」

A 回答：「不知道。」

然後問 B：「你知道自己頭上的數字是多少嗎？」

B 回答：「不知道。」

問 C，C 也回答不知道。

再次問 A，A 回答：「我頭上是 20。」

請問：B、C 頭上分別是什麼數字？（答案有多種情況）

198. 紙條上的數字

老師出了一道測驗題想考考蓓蓓和琪琪。她寫了兩張紙條，對折起來後，讓蓓蓓、琪琪每人拿一張，並說：「妳們手中的紙條上寫的數都是自然數，這兩個數相乘的積是 8 或 16。

現在，你們能透過手中紙條上的數字，推算出對方手中紙條上的數字嗎？」

蓓蓓看了自己手中紙條上的數字後說：「我猜不出琪琪的數字。」

琪琪看了自己手中紙條上的數字後，也說：「我猜不出蓓蓓的數字。」

聽了琪琪的話後，蓓蓓又推算了一會兒，說：「我還是推算不出琪琪的數字。」

琪琪聽了蓓蓓的話後，重新推算了一會兒，也說：「我同樣推算不出來。」

聽了琪琪的話後，蓓蓓很快地說：「我知道琪琪手中紙條上的數字了。」並報出數字，果然就是那個數字。

你知道琪琪手中紙條上的數字是多少嗎？

第八章　猜數字遊戲

199. 紙片遊戲

Q 先生、S 先生和 P 先生在一起玩遊戲。Q 先生在兩張小紙片上各寫一個數字，這兩個數字都是正整數，差為 1。他把一張紙片貼在 S 先生額頭上，另一張貼在 P 先生額頭上，於是，兩個人只能看見對方額頭上的數。

Q 先生不斷地問：「你們誰能猜到自己頭上的數字？」

S 先生說：「我猜不到。」

P 先生說：「我也猜不到。」

S 先生又說：「我還是猜不到。」

P 先生又說：「我也猜不到。」

S 先生仍然猜不到；P 先生也猜不到。

S 先生和 P 先生都已經三次猜不到了。

可是，到了第四次，S 先生喊起來：「我知道了！」

P 先生也喊道：「我也知道了！」

請問：S 先生和 P 先生頭上各是什麼數？

200. 猜數字（1）

甲、乙、丙是某教授的 3 個學生，3 個人都非常聰明。教授發給他們 3 個數字（自然數，沒有 0），每人一個數字，並告訴他們這 3 個數字的和是 14。

甲馬上說道：「我知道乙和丙的數字是不相等的！」

乙接著說道：「我早就知道我們 3 個的數字都不相等了！」

丙聽到這裡馬上說：「哈哈，我知道我們每個人的數字都是幾了！」

問題：這 3 個數分別是多少？

201. 蘇州街

陳一婧住在蘇州街，這條大街上的房子的編號是 13 ～ 1300 號。龔宇華想知道陳一婧所住房子的號碼。龔宇華問道：「它小於 500 嗎？」陳一婧做了答覆，但她說了謊話。龔宇華問道：「它是個平方數嗎？」陳一婧做了答覆，同樣沒有說實話。龔宇華問道：「它是個立方數嗎？」陳一婧回答並講了真話。龔宇華說道：「如果讓我知道第二位數是否是 1，我就能告訴你那所房子的號碼。」陳一婧告訴了他第二位數是否是 1，龔宇華也講了他所認為的號碼，但是龔宇華說錯了。請問：陳一婧住的房子是幾號？

第八章　猜數字遊戲

202. 貼紙條猜數字

一個教邏輯學的教授有三個學生，他們都非常聰明。

一天教授給他們出了一道題，教授在每個人的頭上貼了一張紙條並告訴他們，每個人的紙條上都寫了一個正整數，而且某兩個數字的和等於第三個數字。（每個人可以看見另外兩個頭上的數，但看不見自己的數。）

教授問第一個學生：「你能猜出自己的數字嗎？」第一個學生回答：「不能。」問第二個學生他也說不能，問第三個學生他還是說不能。回頭再問第一個和第二個學生，他們都說不能；再問第三個學生，他說：「我猜出來了，是144！」教授很滿意地笑了。請問：你能猜出另外兩個人頭上貼的數字是什麼嗎？請說出理由。

我猜出來了，是144！！！

203. 猜年齡

小張和小王在路上遇見了小王的三個熟人 A、B、C。

小張問小王：「他們三個人今年都多大？」

小王想了想說：「那我就考考你吧：他們三個人的年齡之和為我們兩個人的年齡之和，他們三個人的年齡相乘等於2450。」

小張算了算說：「我還是不知道。」

小王聽後笑了笑說：「那我再給你一個條件：他們三個人的年齡都比我們的朋友小李要小。」

小張聽後說：「那我知道了。」

請問：小李的年齡是多少？

橫向擴展訓練營

204. 猜撲克牌

P 先生、Q 先生都具有傑出的推理能力。這一天，他們正在接受推理考試。「邏輯教授」在桌子上放了以下 16 張撲克牌。

紅桃：A、Q、4

黑桃：J、8、3、2、7、4

梅花：K、Q、5、4、6

方塊：A、5

教授從這 16 張牌中挑出一張牌，並把這張牌的點數告訴 P 先生，把這張牌的花色告訴 Q 先生，然後教授問 P 先生和 Q 先生：「你們能從已知的點數或花色中推理出這是張什麼牌嗎？」

P 先生：「我不知道這張牌。」

Q 先生：「我知道你不知道這張牌。」

P 先生：「現在我知道這張牌了。」

Q 先生：「我也知道了。」

請問：這張牌是什麼？

205. 猜字母

甲先生對乙先生說自己會讀心術，乙不相信，於是兩人開始實驗。

甲先生說：「那我們來猜字母吧！你從 26 個英文字母中隨便想一個，記在心裡。」

乙先生：「嗯，想好了。」

甲先生：「現在我要問你幾個問題，你如實回答就可以。」

乙先生：「好的，請問吧！」

甲先生：「你想的那個字母在 carthorse 這個詞中有嗎？」

乙先生：「有的。」

甲先生：「在 senatorial 這個詞中有嗎？」

乙先生：「沒有。」

甲先生：「在 indeterminable 這個詞中有嗎？」

乙先生：「有的。」

甲先生：「在 realisation 這個詞中有嗎？」

乙先生：「有的。」

甲先生：「在 orchestra 這個詞中有嗎？」

乙先生：「沒有。」

甲先生：「在 disestablishmentarianism 這個詞中有嗎？」

乙先生：「有的。」

甲先生：「我知道了，你的回答有些是謊話，不過沒關係。但你得告訴我，你上面的 6 個回答中，有幾個是真實的？」

乙先生：「3 個。」

甲先生：「我已經知道你心中想的字母是什麼了。」

說完甲說出一個字母，正是乙心裡想的那個。

請問：乙先生心中所想的字母是什麼？甲先生是如何猜出來的呢？

206. 老師的生日

　　小明和小強都是張老師的學生，張老師的生日是 M 月 N 日，兩人都不知道他生日的具體日期。張老師的生日是下面 10 組日期中的一天，他把 M 值告訴了小明，把 N 值告訴了小強。張老師問他們是否知道他的生日是哪一天。

　　小明說：「如果我不知道，小強肯定也不知道。」

　　小強說：「本來我也不知道，但是現在我知道了。」

　　小明說：「哦，那我也知道了。」

　　請根據以上對話推斷張老師的生日是下面日期中的哪一天：

3 月 4 日，3 月 5 日，3 月 8 日

6 月 4 日，6 月 7 日

9 月 1 日，9 月 5 日

12 月 1 日，12 月 2 日，12 月 8 日

第八章　猜數字遊戲

207.找零件

張師傅有兩個徒弟：小毅和小李。一天，張師傅想看一看他們兩人誰更聰明一點，於是，他將兩個徒弟帶進倉庫，裡面有以下 11 種規格的零件。

8：10

8：20

10：25

10：30

10：35

12：30

14：40

16：30

16：40

16：45

18：40

這裡需要說明的是，「：」前的數字表示零件的長度，「：」後的數字表示零件的直徑，單位都是公釐。

他把徒弟小毅、小李叫到面前，告訴他們說：「我將把我所需要的零件的長度和直徑分別告訴你們，看你們誰能最先挑出我要的那個零件。」於是，他悄悄地把這個零件的長度告訴了徒弟小毅，把直徑告訴了徒弟小李。

徒弟小毅和徒弟小李都沉默了一陣。

徒弟小毅說：「我不知道是哪個零件。」

徒弟小李也說：「我也不知道是哪個零件。」

隨即徒弟小毅說：「現在我知道了。」

徒弟小李也說：「那我也知道了。」

然後，他們同時走向一個零件。張師傅看後，高興地笑了，該零件正是自己需要的那一個。

請問：你知道張師傅要的零件是哪一個嗎？

208. 猜顏色

有 5 個外表一樣的藥瓶，裡面分別裝有紅、黃、藍、綠、黑 5 種顏色的藥丸，現在由甲、乙、丙、丁、戊 5 個人來猜藥丸的顏色。

甲說：「第二瓶是藍色，第三瓶是黑色。」

乙說：「第二瓶是綠色，第四瓶是紅色。」

丙說：「第一瓶是紅色，第五瓶是黃色。」

丁說：「第三瓶是綠色，第四瓶是黃色。」

戊說：「第二瓶是黑色，第五瓶是藍色。」

事實上，5 個人都只猜對了一瓶，並且每人猜對的顏色都不同。

請問：每瓶分別裝了什麼顏色的藥丸？

209. 手心的名字

春遊的時候，老師帶著 4 名學生 A、B、C、D 一起玩猜名字的遊戲。遊戲很簡單。

首先，老師在自己的手上用圓珠筆寫了 4 個人中的一個人的名字。

接著，他握緊手，在此過程中，不讓 4 名學生中的任何一個人看到。

　　最後，老師對他們 4 個人說：「我在手上寫了你們 4 個人裡其中一個人的名字，猜猜我寫了誰的名字？」

　　A 回答：「是 C 的名字。」

　　B 回答：「不是我的名字。」

　　C 回答：「不是我的名字。」

　　D 回答：「是 A 的名字。」

　　4 名學生猜完之後，老師說：「你們 4 個人中只有一個人猜對了，其他 3 個人都猜錯了。」

　　4 個人聽了以後，都很快猜出老師手中寫的是誰的名字。

　　你知道老師手中寫的是誰的名字嗎？

210. 猜出你拿走的數字

　　首先把 2012 年 12 月 21 日的年、月、日列在一起組成一個 8 位數 20121221，然後把你自己的生日也按照這個格式組成一個 8 位數，假設你是 1970 年 7 月 7 日出生，這個數字就是 19700707。接下來，用 20121221 減去你的生日得到一個新數字，20121221 － 19700707 ＝ 420514。不妨把這個新數字稱為馬雅數字。

接下來，我們把馬雅數字倒著寫一遍，420514 反過來就是 415024。之後把正著寫的馬雅數字和倒著寫的馬雅數字相減，用大的減小的，得到 420514 － 415024 ＝ 5490。

此時你可以從這個結果中的數字裡挑選一個你喜歡的數字（0 除外）把它拿走，比如 4，然後把剩下的數字相加之和告訴我（5 ＋ 9 ＋ 0 ＝ 14）。

整個過程中我都不知道你的生日是哪天，也不知道你的馬雅數字是什麼。但只是因為 2012 年 12 月 21 日是不尋常的一天，20121221 是一個不尋常的數字，所以當你報出剩下的數字之和時，全世界當然也包括我都知道你把哪個數字拿走了。

不論觀眾有多少位，只要按照以上的步驟來誠心演示，都可以依靠 2012 的魔力，且在馬雅人的暗示下，逐一判斷出你拿走的數字是多少。你知道這是如何辦到的嗎？

211. 母子的年齡

一天，家華和媽媽一起逛街，遇見了媽媽的同事。媽媽的同事問家華今年幾歲，家華說，媽媽比我大 26 歲，4 年後媽媽的年齡是我的 3 倍。你能猜出家華和媽媽今年各是多少歲嗎？

212. 教授有幾個孩子

一天，一位數學教授去同事家做客。他們坐在窗前聊天，從庭院中傳來一大群孩子的嬉笑聲。

客人就問：「您有幾個孩子？」

主人：「那些孩子不全是我的，那裡有 4 家人的孩子聚在一起。我的孩子最多，弟弟的其次，妹妹的再次，叔叔的孩子最少。他們吵鬧成一團，

因為他們不能按每隊 9 人湊成兩隊。說來也真巧，如果把我們這 4 家孩子的數目相乘，其積正好是我們房子的門牌號，這個號碼你是知道的。」

客人：「讓我來試試把每一家孩子的數目算出來。不過要解這個問題，已知數據還不夠。請告訴我，你叔叔的孩子是一個呢，還是不止一個？」

於是主人回答了這個問題。客人聽後，很快就準確地計算出了每家孩子的數目。你在不知道主人家門牌號碼和他叔叔家是否只有一個孩子的情況下，能否算出這道題呢？

213.3個班級

小明的學校舉行了一場運動會。在其中的一個比賽項目中，包括小明一共有 12 個學生參加。他們來自 A、B、C 3 個不同的班級，每一個班級有 4 個學生參加。有意思的是，這 12 個學生的年齡各不相同，但都不超過 13 歲。換句話說，在 1 ～ 13 的數字中，除了某個數字，其餘的數字都恰好是某個學生的年齡，而且小明的年齡最大。如果把每個班級的學生的年齡加起來，可以得到以下的結果。

班級 A：年齡總數為 41，包括一個 12 歲的學生。

班級 B：年齡總數為 22，包括一個 5 歲的學生。

班級 C：年齡總數為 21，包括一個 4 歲的學生。

另外，班級 A 中有 2 個學生只相差 1 歲。

請問：小明屬於哪個班級？每個班級中的學生各是多大？

斜向擴展訓練營

214. 神奇數字表

有如圖 8－1 所示的 5 張表，你在心裡想一個數，這個數不能超過 31。請指出你想的這個數都在哪個表中有，那麼我就會知道你想的數是多少。

請問：這個表是怎麼製作出來的呢？

1	9	17	25
3	11	19	27
5	13	21	29
7	15	23	31

A

2	10	18	26
3	11	19	27
6	14	22	30
2	15	23	31

B

4	12	20	28
5	13	21	29
6	14	22	30
7	15	23	31

C

8	12	24	28
9	13	25	29
10	14	26	30
11	15	27	31

D

16	20	24	28
17	21	25	29
18	22	26	30
19	23	27	31

E

圖 8－1

215. 猜單雙數

週末的晚上，爸爸陪小明玩猜單雙數的遊戲。爸爸先交給小明 5 根火柴，讓他藏在背後，分成兩隻手拿著。接著爸爸要求小明把左手的火柴數乘以 2，右手的火柴數乘以 3，然後把兩個積相加，小明算出結果為 14。爸爸馬上猜出小明左手拿的火柴數是單數，右手拿的火柴數是雙數。

你知道爸爸是怎麼猜出來的嗎？

216. 5個人的年齡

甲、乙兩位數學老師同路回家，路上遇到甲老師的三位鄰居，甲老師對乙老師說：「這三位鄰居年齡相乘的積是 2450，他們的年齡之和是你的 2 倍，請你猜猜他們的年齡。」乙老師思考了一陣說：「不對，還差一個條件。」甲老師也思考了一陣：「對，的確還差一個條件，這個條件就是他們的年齡都比我小。」

請問：這 5 個人的年齡分別是多少？

217. 猜數字 (2)

放學後，小明回到家中，和爸爸玩起了一個很好玩的猜數字遊戲。爸爸從 1 ～ 1024 中任意選擇一個整數，記在心中，然後如實回答小明提出的 10 個問題，小明總能猜出爸爸想的數字是什麼。你知道這 10 個問題是如何設計出來的嗎？

218. 奇妙的數列

圖 8—2 中的這個數列很奇妙，需要注意的是最後一個圓圈裡確實是 7 而不是 8。你能找出它的規律嗎？請在問號處填上相應的數字。

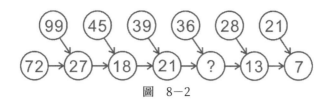

圖 8－2

219. 猜生日

在 1993 年的某一天，小張過完了他的生日，而且他此時的年齡正好是他出生年分的 4 個數之和。你能推算出小張是哪一年出生的嗎？

220. 有趣的組合

幼稚園有 10 個小朋友，老師讓他們每個人從 0 ～ 9 中拿一個數字。拿完之後，小朋友分成了兩組：一組有 4 個人，另一組有 6 個人。老師看了之後，興奮地說：「太巧了。4 個小朋友可以組成一個 4 位數，正好是某個 2 位數的 3 次方；而另外 6 個小朋友組成的 6 位數，是這個數的 4 次方。」

你能猜出這個 2 位數是多少嗎？

221. 聰明程度

1987 年的某一天，倫敦《金融時報》刊登了一個很怪異的競賽廣告，這個廣告要求參與者寄回一個 0 ～ 100 的整數，獲勝條件是你選擇的這個數字最接近全體參與者寄回的所有數的平均值的 2/3。獲勝者將獲得 2 張倫敦到紐約的頭等艙往返機票。

如果你是這個競賽的參與者，你會選哪個數呢？

答案

196. 猜帽子上的數字

策略存在。100 個人從 0～99 編號，每個人把看到的其他 99 個人帽子上的數字加起來，取和的末兩位數字，再用自己的編號減去這個數字，就是他要說的數字（如果差是負數，就加上 100）。

證明：假設所有人帽子上數字的和的末兩位是 S，編號 n 的人帽子上數字是 Xn，他看到的其他人帽子上數字和的末兩位是 Yn，則有 Xn ＝ S － Yn（如果差是負數，就加上 100）。

每個人說的數字是 Zn ＝ n － Yn（如果差是負數，就加上 100），因為 S 是在 0～99 範圍內的一個不變的數字，所以編號 n ＝ S 的那個人說的數字 ZS ＝ S － YS ＝ XS，即他說的數字等於他帽子上的數字。

197. 各是什麼數字

每個人都知道自己的數字或許為另外兩人之和，或許為兩人之差。

第一輪 A 回答不知道，可以得出什麼結論呢？

可以用逆向思考，考慮什麼情況下 A 可以知道自己頭上的數字，只有一種可能，那就是 B ＝ C。因為此時 B － C ＝ 0，這時 A 知道自己頭上的數一定為 B ＋ C。

所以從 A 回答不知道可以推論出 B ≠ C。

B 回答不知道，說明什麼呢？

還是用逆向思考，考慮什麼情況下 B 可以知道自己頭上的數字。和 A 一樣，當 A ＝ C 時，B 可以知道。

　　但除此之外，B 從 A 回答不知道還可以推論出自己頭上的數字與 C 頭上的數字不相等，於是當 A = 2C 時，B 也可以推論出自己頭上的數字為 A + C，因為此時 A － C = C，而 B 是知道自己頭上的數字與 C 不相等的。

　　所以從 B 回答不知道可以推論出 A ≠ C，A ≠ 2C。

　　C 回答不知道，由上面類似的分析可以推論出 A ≠ B，B ≠ 2A。

　　此外還可以推出 B － A ≠ A/2，即 B ≠ 3A/2 和 A ≠ 2B。

　　最後 A 回答自己頭上的數字是 20。

　　那麼什麼情況下 A 可以知道自己頭上的數字呢？有以下幾種情況。

　　(1) C = 2B。此時 A 知道自己頭上的數字不可能是 C － B = B，而只能是 C + B = 3B，但 20 不能被 3 整除，所以排除了這種情況。

　　(2) B = 2C 與上面類似，被排除。

　　(3) C = 3B/2。此時 A 知道自己頭上的數字不可能是 C － B = B/2，因而只能是 A = B + C = 5B/2 = 20，B = 8，而 C = 3B/2 = 12。

　　(4) C = 5B/3。此時 A 知道自己頭上的數字不可能是 C － B = 2B/3，只可能是 8B/3，但求出 B 不是整數，所以排除。

　　(5) C = 3B。此時 A 知道自己頭上的數字不可能是 C － B = 2B，只可能是 4B，推論出 B = 5，C = 15。

　　(6) B = 3C。此時 A 知道自己頭上的數字不可能是 B － C = 2C，只可能是 B + C = 4C，推論出 B = 15，C = 5。

　　所以答案有 3 個：B = 8，C = 12；B = 5，C = 15；B = 15，C = 5。

198. 紙條上的數字

　　兩人手中紙條上的數字都是 4。兩個自然數的積為 8 或 16 時，這兩個自然數只能為 1、2、4、8、16，因此可能的組合為：1×8、1×16、2×4、2×8、4×4。

　　當蓓蓓第一次說推導不出來時，說明蓓蓓手中的數字不是 16，因為如果是 16，她馬上可以知道琪琪手中的數字是 1，只有 16×1 才能滿足條件；她猜不出來，說明她手中不是 16，她手中的數可能為 1、2、4、8。同理，當琪琪第一次說推導不出時，說明她手中的數不是 16，也不是 1，因為如果是 1，她馬上可知蓓蓓手中的數為 8，既然前面已排除了 16，只有 8×1 ＝ 8 能符合條件，她手中的數可能為 2、4、8。

　　蓓蓓第二次說推算不出，說明她手中的數不是 1 或 8，因為如果是 1，她能推算出琪琪手中的數是 8。同理如果是 8，蓓蓓能推算出琪琪手中的數是 2，這樣蓓蓓手中的數只能為 2 或 4。

　　琪琪第二次說推算不出時，說明琪琪手中的數只可能為 4，只有為 4 時才不能確定蓓蓓手中的數，因為如果是 2，她可推算出蓓蓓的數只能是 4，只有 2×4 ＝ 8 符合條件；如果是 8，蓓蓓手中的數只能為 2，因為只有 8×2 ＝ 16 符合條件。

　　因此第三輪時，蓓蓓能推算出琪琪手中紙條上的數字是 4。

199. 紙片遊戲

　　第一次，S 說不知道，說明 P 肯定不是 1；P 也說不知道，說明 S 不是 2。為什麼呢？因為如果 P 是 1，S 馬上就知道自己是 2 了。他說不知道，P 就知道自己肯定不是 1，如果這個時候 S 是 2，P 就能肯定自己應該是 3 了，所以 S 不是 2。

第二次，S 說不知道，說明 P 不是 3，因為前一次 S 說不知道，P 知道自己肯定不是 2，如果 S 是 3，P 馬上就知道自己是 4 了，所以 S 不是 3；而 P 又說不知道，說明 S 不是 4，因為 S 從 P 又說不知道可得知自己不是 3，如果 S 是 4，P 馬上就能知道自己應該是 5，所以 S 也不是 4。

第三次，S 又說不知道，說明 P 不是 5，因為第二次最後 P 說不知道，S 就知道自己不是 4 了，因為如果 P 是 5，S 馬上知道自己是 6。同樣，S 不是 6，因為 P 從 S 說不知道，得知自己不是 5，因為如果 S 是 6，P 就馬上知道自己應該是 7 了，所以 P 還是不知道。最後，S 說他知道了，因為他從 P 不知道中得知自己不是 6，而他看到 P 頭上的號碼是 7，他就知道自己是 8 了。而 P 聽到 S 說知道了，就判斷出 S 是 8，所以 P 馬上知道自己是 7。

200. 猜數字（1）

甲說道：「我知道乙和丙的數字是不相等的！」所以甲的數字是單數，只有這樣才能確定乙、丙的數字和是個單數，肯定不相等。

乙說道：「我早就知道我們三個的數字都不相等了！」說明第二個人是大於 6 的單數，因為只有他的數字是大於 6 的單數，才能確定甲的單數和他的不相等，而且一定比自己的小，否則和會超過 14。

這樣一來，第三個人的數字就只能是雙數。

而第三個人說他知道每個人手上的數字，那他根據自己手上的數字知道前兩個人的數字和，又知道其中一個是大於 6 的單數，且另一個也是單數，可知這個和是唯一的，那就是 7 ＋ 1 ＝ 8。如果前兩人之和大於 8，比如是 10，就有兩種情況 9 ＋ 1 和 7 ＋ 3，這樣第三個人就不可能知道前兩個人手中的數字。

這樣就知道 3 個人手上的數字分別是 1、7、6。

第八章　猜數字遊戲

201. 蘇州街

很明顯，想從陳一婧回答龔宇華的前三個問題去尋找答案是毫無用處的。起始點應該是龔宇華說的「如果我知道第二位數是否是 1，我就能講出你那間房子的號碼」那句話。

分析一下龔宇華是怎麼想的，會對題目的解答很有用，儘管他的數字和結論是錯誤的。

龔宇華的想法是他認為他已將可供挑選的號碼數減少到了 2 個，其中一個號碼的第二位數是 1。

如果龔宇華認為這個號碼是平方數而不是立方數，那麼供挑選的號碼就太多了（4 ～ 22 各數的平方數都為 13 ～ 500；而 23 ～ 36 各數的平方數都為 500 ～ 1300）。看來他一定認為這是個立方數。

有關的立方數是 27、64、125、216、343、512、729、1000（它們分別是 3、4、5、6、7、8、9、10 的立方），其中 64 和 729 也是平方數（分別為 8 和 27 的平方）。

如果龔宇華認為這個號碼是小於 500 的平方數和立方數，那麼他便沒有其他可選擇的號碼——只有 64。如果他認為這個號碼是 500 以上的平方數和立方數，那一定是 729。

如果他認為這個號碼不是平方數而是 500 以下的立方數，那麼就有四種可能性（27、125、216、343）；但如果他認為這個號碼不是平方數而是 500 以上的立方數，那麼只有兩種可能性：512 和 1000。前一個號碼的第二位數是 1，這個號碼就是龔宇華所想到的。

但從某些方面來看他想得並不對。他認為這個號碼不在 500 以內，而陳一婧在答覆這一點時騙了他，所以它是在 500 以內。龔宇華認為這個號碼不是平方數，關於這一點，陳一婧又沒有對他講真話，所以它是平方

數。龔宇華認為這是個立方數，關於這一點陳一婧向他講了真話，所以它是立方數。陳一婧的門牌號是個 500 以下的平方數，也是立方數（不是小於 13），所以它只能是 64。

202. 貼紙條猜數字

答案是 36 和 108。

首先說出此數字的人應該是兩數之和的人，因為另外兩個加數的人所獲得的資訊應該是均等的，在同等條件下，若一個推算不出，另一個應該也推算不出（當然，這裡只是說這種可能性比較大，因為畢竟還有一個回答的先後次序，在一定程度上存在資訊不平衡的情況）。

另外，只有在第三個人看到另外兩個人的數字一樣時，才可以立刻說出自己的數。

以上兩點是根據題意可以推導出的已知條件。

如果只問了一輪，第三個人就說出 144，那麼根據推理，可以很容易得出另外兩個是 48 和 96。要怎麼樣才能讓老師問了兩輪就得出答案呢？這就需要進一步考慮以下情況。

A：36（36/ 152）；B：108（108/ 180）；C：144（144/ 72）。

括號內是該同學看到另外兩個數字後，猜測自己頭上可能出現的數字。現推理如下。

A、B 先說不知道，理所當然。C 在說不知道的情況下，可以假設如果自己是 72，B 在已知 36 和 72 的條件下，會這樣推理：「我的數字應該是 36 或 108，但如果是 36，C 應該可以立刻說出自己的數。而 C 並沒說，所以應該是 108 ！」然而在下一輪，B 還是不知道，所以 C 可以判斷出自己的假設是錯的，因此自己的數字只能是 144。

203. 猜年齡

$2450 = 2 \times 5 \times 5 \times 7 \times 7$

可能的情況是：

$7 \times 5 \times 2$，7，5

$7 \times 7 \times 2$，5，5

$5 \times 5 \times 2$，7，7

7×2，7×5，5

7×2，5×5，7

5×2，7×5，7

2×5，7×7，5

其中和相等的兩組是：7，7，$2 \times 5 \times 5 = 50$；5，$2 \times 5 = 10$，$7 \times 7 = 49$。

這兩組數字的和都為 64，這是小張說不知道的時候可以推導出來的。

小王說：「他們三個人的年齡都比我們的朋友小李要小。」

小張聽後說：「那我知道了。」由此可以推出小李的年齡應該是 50 歲。

204. 猜撲克牌

這張牌是方塊 5。

Q 先生的推導過程是：P 先生知道這張牌的點數，而判斷不出這是張什麼牌，顯然這張牌的點數不可能是 J、8、2、7、3、K、6，因為 J、8、2、7、3、K、6 這 7 種點數的牌在 16 張撲克牌中都只有一張。如果這張牌的點數是以上 7 種點數中的一種，那麼，具有足夠推理能力的 P 先生立即就可以斷定這是張什麼牌。例如，如果教授告訴 P 先生：「這張牌的點

數是 J。」那麼，P 先生馬上就知道這張牌是黑桃 J 了。由此可知，這張牌的點數只能是 4、5、A、Q 之一。

接下來，P 先生分析了 Q 先生所說的「我知道你不知道這張牌」這句話。

Q 先生知道這張牌的花色，同時又做出「我知道你不知道這張牌」的斷定，顯然這張牌不可能是黑桃和梅花，為什麼？因為如果這張牌是黑桃或梅花，Q 先生就不會做出「我知道你不知道這張牌」的斷定。

P 先生是這樣分析的：如果這張牌是黑桃，而且如果這張牌的點數是 J、8、2、7、3，P 先生是能夠知道這張是什麼牌的；假設這張牌是梅花，同理，Q 先生也不能做出這樣的斷定，因為假如點數為 K、6 時，P 先生能馬上知道這張牌是什麼牌，在這種情況下，Q 先生當然也不能做出「我知道你不知道這張牌」的斷定。因此，P 先生從這裡可以推出這張牌的花色或許是紅桃，或許是方塊。

而具有足夠推理能力的 P 先生聽到 Q 先生的這句話，當然也能夠和 Q 先生得出同樣的結論。也就是說，Q 先生的「我知道你不知道這張牌」這一斷定，在客觀上已經把這張牌的花色暗示給 P 先生。

得到 Q 先生的暗示，P 先生做出「現在我知道這張牌了」的結論。從這個結論中，具有足夠推理能力的 Q 先生必然能推出這張牌肯定不是 A。為什麼？Q 先生這樣想：如果是 A，僅僅知道點數和花色範圍（紅桃、方塊）的 P 先生無法做出「現在我知道這張牌了」的結論，因為它可能是紅桃 A，也可能是方塊 A。既然 P 先生說「現在我知道這張牌了」，可見，這張牌不可能是 A。排除 A 之後，這張牌只有 3 種可能：紅桃 Q、紅桃 4、方塊 5，這樣一來範圍就很小了。P 先生做出這一斷定後，當然把這些資訊暗示給了 Q 先生。

得到 P 先生第二次提供的暗示之後，Q 先生做出了「我也知道了」的結論。從 Q 先生的結論中，P 先生推知，這張牌一定是方塊 5。為什麼？P 先生可以用一個非常簡單的反證法論證。因為如果不是方塊 5，Q 先生是不可能做出「我也知道了」的結論的（因為紅桃有兩張，僅僅知道花色的 Q 先生，不能確定是紅桃 Q 還是紅桃 4）。現在 Q 先生做出了「我也知道了」的結論，這張牌當然就是方塊 5。

205. 猜字母

仔細看一看甲先生所問的 6 個詞，可以發現，carthorse 與 orchestra 所含的字母完全相同，只是字母的位置不同而已。乙先生心中所想的字母在這兩個詞中，若有則全都有，若無則全都無，可是乙先生的回答是：一個說有，一個說無，顯然其中有一句是假話。

同理，senatorial 與 realisation 所含字母也相同，而乙先生的回答也是一有、一無。可見其中又有一句是假話，這些便是甲先生確定乙先生的回答中有假話的依據。

從上面的分析可見，乙先生的四句回答中已知有兩句是真話，兩句是假話。根據題意，乙先生共答了三句真話和三句假話，所以乙先生的另外兩句回答必定也是一真一假。

剩下的 indeterminable 與 disestablishmentarianism 這兩個詞，儘管後者的字母比前者多了很多，但這兩個詞中，除了後者比前者多了一個字母 H，其餘的字母都是相同的或重複的。而乙先生說他心中所想的字母在這兩個詞中都有，如果前一句是真話，即前一個詞中確有那個字母，那麼，後一個詞中無疑也應該有的，這樣兩句話都成了真話，與題意不符。

所以，乙先生的前面一句應是假話，後面一句是真話，即前一個詞中

是不存在乙先生心中所想的那個字母的，後一個詞中則有這個字母。由此可見，它必定是後一個詞中所獨有的字母 H。

206. 老師的生日

由 10 組數據 3 月 4 日、3 月 5 日、3 月 8 日、6 月 4 日、6 月 7 日、9 月 1 日、9 月 5 日、12 月 1 日、12 月 2 日、12 月 8 日可知 —— 4 日、8 日、5 日、1 日分別有兩組，2 日和 7 日只有一組。如果生日是 6 月 7 日或 12 月 2 日，小強一定知道。例如：老師告訴小強 N ＝ 7，則小強就知道生日一定為 6 月 7 日；如果老師告訴小強 N ＝ 4，則生日是 3 月 4 日還是 6 月 4 日，小強就無法確定了。所以首先排除了 6 月 7 日和 12 月 2 日。

(1) 小明說：「如果我不知道，小強肯定也不知道。」老師告訴小明的是月分 M 值，若 M ＝ 6 或 12，則小強有可能知道（6 月 7 日或 12 月 2 日），這與「小強肯定也不知道」相矛盾，所以不可能為 6 月和 12 月，因此老師的生日只可能是 3 月 4 日、3 月 5 日、3 月 8 日、9 月 1 日、9 月 5 日。

(2) 小強說：「本來我也不知道，但是現在我知道了。」若老師告訴小強 N ＝ 5，那麼小強無法知道是 3 月 5 日還是 9 月 5 日，這與「現在我知道了」相矛盾，所以 N 不等於 5，則生日只能為 3 月 4 日、3 月 8 日、9 月 1 日。

(3) 小明說：「哦，那我也知道了。」若老師告訴小明 M ＝ 3，則小明就不知道是 3 月 4 日還是 3 月 8 日，這與「那我也知道了」相矛盾，所以 M 不等於 3，即生日不是 3 月 4 日、3 月 8 日。

綜合以上所述，老師的生日只能是 9 月 1 日。

207. 找零件

對於徒弟小毅來說，在什麼條件下才會說「我不知道是哪個零件」？顯然，這個零件不可能是 12：30、14：40、18：40，因為這三種長度的零件都只有一個，如果長度是 12、14、18，那麼知道長度的徒弟小毅就會立刻說自己知道。

同樣的道理，對於徒弟小李來說，在什麼條件下才會說「我也不知道是哪個零件」？顯然，這個零件不可能是 8：10、8：20、10：25、10：35、16：45，因為這 5 種直徑的零件也是各有一個。

這樣，我們可以從 11 個零件中排除 8 個，剩下以下三種可能性：10：30、16：30、16：40。

下面可以根據徒弟小毅所說的「現在我知道了」這句話來推理。如果這個零件是 16：30 或 16：40，那麼僅僅知道長度的徒弟小毅是不能斷定是哪個零件的，然而徒弟小毅卻知道了是哪個，所以這個零件一定是 10：30。

208. 猜顏色

因為 5 個人都猜對了一瓶，並且每人猜對的顏色都不同，所以猜對第一瓶的只有丙，也就是說第一瓶是紅色；那麼第五瓶就不是黃色的，所以第五瓶只能是藍色，戊說的第二瓶是黑色的也就不對了。既然第二瓶不是黑色的，那就應該如第一個人所說，第三瓶是黑色的，所以第二瓶就不能是藍色的，第二瓶只能是綠色的了。

所以，第一瓶是紅色，第二瓶是綠色，第三瓶是黑色，第四瓶是黃色，第五瓶是藍色。

209. 手心的名字

答案是 B 的名字。

很明顯，因為 A 說是 C 的名字，C 說不是他的名字。這兩個判斷是矛盾的，所以 A 與 C 兩個人之中必定有一個人是正確的，一個人是錯誤的。

因為如果 A 正確，那麼 B 也是正確的，與老師說的只有一人猜對了相矛盾，所以 A 必是錯誤的。這樣，只有 C 是正確的，不是 C 的名字。

因為老師說只有一人猜對了，那麼說明其他三個判斷都是錯誤的。

我們來看 B 的判斷，B 說：「不是我的名字。」而 B 的判斷又是錯的，那麼與他的判斷相反就是正確的，即是 B 的名字。

所以老師手上寫的是 B 的名字。

210. 猜出你拿走的數字

簡單地說，結論就是：任意一個多位數，正著寫和倒著寫的差值結果中各位數字相加一定是 9 的倍數。

根據這個結論就可以確定拿走的數字是什麼了。

當你拿走一個數字，報出其餘數字之和時（仍然以前面說過的 16 舉例），我會這樣想：

9 的所有倍數中大於 16 的而又最接近 16 的是多少？當然是 18……那拿走的數字就一定是 18 − 16 = 2。

211. 母子的年齡

媽媽比家華大 26 歲，即兩人的年齡差為 26 歲，設家華的年齡為 x，則媽媽的年齡是 26 + x。4 年後，媽媽的年齡是家華的 3 倍，即

$3 (x + 4) = 26 + x + 4$

$x = 9$

所以，家華今年 9 歲，媽媽為 $9 + 26 = 35$（歲）。

212. 教授有幾個孩子

首先，湊不足 2 個 9 人隊，孩子總數最多為 17 人。若為 17 人以上，則可以湊成 2 個 9 人隊或湊足 2 個 9 人隊之後還有剩餘，因此可以確定的是叔叔家的孩子最多有 2 個。若有 3 個或 3 個以上，則其他三家至少分別有 6、5、4 個，總數大於 17 人。

叔叔家的孩子有 2 個的情況如表 8−1 所示。

表　8−1

主人	弟弟	妹妹	叔叔	對應門牌號碼
5	4	3	2	120
6	4	3	2	144
7	4	3	2	168
8	4	3	2	192
6	5	3	2	180
7	5	3	2	210
6	5	4	2	240

叔叔家孩子為 1 個的情況時，另外 3 個數字相加小於等於 16（17 − 1），且 3 個數字各不相同，並且 3 個數字中最小數大於等於 2，可以列出這 3 個數字相乘的積最大為 $4 \times 5 \times 7 = 140$，其次為 $3 \times 5 \times 8 = 4 \times 5 \times 6 = 120$，再次為 $3 \times 4 \times 9 = 108$，此時已比上面所列最小積還要小。若答案在小於 108 的範圍內，則不需要知道叔叔家的孩子是 1 人還是 2 人了。

所以，在知道 4 個數字的積及最小數是 1 還是 2 的情況下，如果還不

能得出結論，只有門牌號為 120 時才有可能。

因此，確定門牌號為 120 了，當知道叔叔家孩子數量時就能確定 4 個數字的情況，只有以下這種情況：主人有 5 個孩子，弟弟有 4 個孩子，妹妹有 3 個孩子，叔叔有 2 個孩子。

213. 3個班級

首先，確定哪個數字不表示學生的年齡。1 ～ 13 的數字之和是 91，而 3 個班級所有學生的年齡之和是 84，因此，不表示學生年齡的數字是 7。

班級 A 的 4 個學生的年齡只能是以下兩種情況之一：12、6、10、13 或者 12、8、10、11（12 必須包括在其中）。

班級 C 的 4 個學生的年齡只能是以下 4 種情況之一：4、1、3、13，4、1、6、10，4、2、6、9 或者 4、3、6、8（4 必須包括其中）。

這樣一來，班級 A 學生的年齡不可能是 12、6、10、13。否則，班級 C 學生年齡的 4 種可能情況沒有一種能夠成立。因此，班級 A 學生的年齡必定是 12、8、10、11。

這樣，班級 C 學生的年齡只能是 4、1、3、13 或者 4、2、6、9。

如果班級 C 學生的年齡為 4、1、3、13，那麼，班級 B 學生的年齡為 2、5、6、7，其和與已知條件不符，所以，班級 C 學生的年齡必定是 4、2、6、9，而班級 B 學生的年齡必定是 5、1、3、13，因此小明是班級 B 的學生。

214. 神奇數字表

這是因為表是把 1 ～ 31 的數字變成以 2^n 表示的數字，例如，$11 = 2^0 + 2^1 + 2^3 = 1 + 2 + 8$。將一個數字由十進位改成二進位，對含有 2^0（＝

1)的項放在 A 表，含有 2^1（＝2）的項放在 B 表；同理，含有 2^2（＝4）的項放在 C 表，含有 2^3（＝8）的項放在 D 表，含有 2^4（＝16）的項放在 E 表中，這樣就做出此表了。也就是說 A 表代表 1，B 表代表 2，C 表代表 4，D 表代表 8，E 表代表 16。

如果你想的數字在 A、C、E 中都有，只要把 A、C、E 代表的數字 1、4、16 相加即可，也就是 21。

215. 猜單雙數

因為爸爸一共交給小明 5 根火柴，分兩隻手拿，那麼一定一隻手是單數，一隻手是雙數，而左手火柴數乘以 2，右手火柴數乘以 3。兩個奇數相乘的結果還是奇數，任何數和偶數相乘都是偶數。左手火柴數乘以 2 後一定是偶數。而右手火柴數乘以 3 後，如果是奇數，那麼最後的結果應該是：偶數＋奇數＝奇數；如果是偶數，那麼最後的結果應該是：偶數＋偶數＝偶數。

所以根據最後的結果的奇偶，就可以斷定小明右手中所拿的火柴的奇偶了。

216. 5個人的年齡

這三位鄰居年齡的乘積是 2450，即

x×y×z ＝ 2450

因為 2450 ＝ 2×5×5×7×7，所以三位鄰居的年齡可以得出以下 7 組數。

10 ＋ 35 ＋ 7 ＝ 52

10 ＋ 5 ＋ 49 ＝ 64

$$2 + 25 + 49 = 76$$

$$14 + 35 + 5 = 54$$

$$14 + 25 + 7 = 46$$

$$2 + 35 + 35 = 72$$

$$50 + 7 + 7 = 64$$

這中間只有 10、5、49 和 50、7、7 這兩組得數（皆為 64）一樣，這樣才符合第二位老師所說的還差一個條件，否則一下子即可知道答案。

所以第二位老師的年齡為 64/2 = 32（歲）。

如果第一位老師的年齡大於 50 歲，那他補充了條件也猜不出鄰居的年齡數，所以他應該正好是 50 歲。

所以甲為 50 歲，乙為 32 歲，三個鄰居的年齡分別為 10 歲、5 歲、49 歲。

217. 猜數字（2）

第一個問題是：你想的這個數字是大於 512 嗎？

根據對方的回答，每次排除掉一半數字，不超過 10 次，一定可以確定到底是哪個數字。

218. 奇妙的數列

規律其實很簡單，就是將前面兩個數字的各數字拆開並相加起來。例如，最左邊的兩個數字分別是 99 和 72，就把它們都拆開，變成 9、9、7、2，然後相加，等於 9 + 9 + 7 + 2 = 27，即為下面圓圈中的數字。後面的所有數字都是這個規律，你猜出來了嗎？

第八章　猜數字遊戲

219. 猜生日

小張是 1973 年出生的。

提示：先猜想大約年分為 1970 年，再根據數字和年分差相等的特徵推算出結果。

220. 有趣的組合

答案是 18。大家可以自己計算一下。

221. 聰明程度

這個遊戲的獨特之處在於必須考慮其他參與者是怎麼想的。

首先，你可能假設人們都是隨機地選擇一個數字寄回，這樣平均值應該是 50，那麼最佳答案應該是 50 的 2/ 3，也就是 33。

但你應該想到，別人也會像你一樣，想到 33 這個答案。如果每個人都選擇了 33，那麼實際的平均值應該是 33 而不是 50，這樣最佳答案應該修改成 33 的 2/ 3，也就是 22。

那麼別人會不會也想到這一層？如果大家都寫 22 呢？那麼最佳答案就應該是 15。

可是如果大家都想到了是 15 呢？

……

這樣一步步地分析下去，如果所有人都是絕對聰明而理性的，那麼所有人都會做類似的分析，最後最佳答案必然越來越小，以至於變成 0。鑒於 0 的 2/ 3 還是 0，所以 0 必然是最終的正確答案。

　　但問題是，如果有些人沒有這麼聰明呢？如果有些人就只是隨便寫了個數字呢？

　　刊登廣告的其實是芝加哥大學的理察‧泰勒，他收到的答案中的確有些人選擇了 0，但平均值是 18.9，獲勝者選擇的數字是 13。這個實驗就是要說明，很多人不是那麼聰明，也不是那麼理性的。

第八章　猜數字遊戲

第九章 分割問題

　　分割問題就是我們常見的一些別具特色的幾何作圖問題,透過圖形的分割與拼合,滿足題目的不同要求。這類問題趣味性高,想像空間廣闊,而且一般都很巧妙,不需要很複雜的計算,但是卻需要牢固的幾何知識,且有較強的分析問題、探索問題的能力。經常練習,對提高我們的思考能力是大有裨益的。

　　下面列舉一個分割問題的經典題目。

　　請把圖 9－1 中的圖形(任意三角形)分成面積相等的 4 等份。

　　答案如圖 9－2 所示,連接三邊的中點即可。

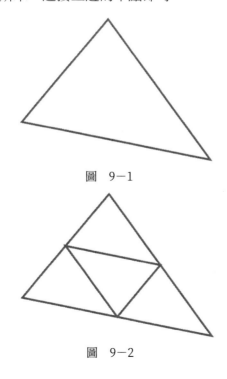

圖　9－1

圖　9－2

第九章 分割問題

對於這種分割問題，往往我們在看到問題的時候一頭霧水，不好下手，而在看到答案時則恍然大悟。其實，過程比結果更重要，我們一定要學會思考和解決問題的方法。

對於平分圖形的問題，一般我們有以下技巧。

如果是實物，可以利用重心原理，把物體吊起來，在平衡時畫出重心所在的一條垂直線，即可把物體質量平分。

如果是紙上的圖形，一般有以下幾種常用的方法。

(1) 利用平行的等底同高的性質進行等積變換。

(2) 利用全等圖形進行等積變換。

(3) 利用對稱性進行圖形變形。

(4) 如果圖形不規則，那麼要先將其分割成規則圖形再進行變形。

經常做這些練習，就是為了培養數學思維，數學思維包括數學觀念、數學意識、數學頭腦、數學素養，準確地說是指推理意識、抽象意識、整體意識等。而培養良好的邏輯思考和嚴謹的推理是學好幾何的關鍵。

對一個問題認識得越深刻，解答法就越簡潔。所以我們在遇到類似的問題時，應盡可能地設計出最簡單、最巧妙的分割方案，這樣，圖形的創造和圖形的美就會在對幾何分割問題的不斷探究中產生。

縱向擴展訓練營

222. 平分圖形

　　如圖 9－3 所示，你能否將這個不規則圖形分成兩個相同的部分？你又能否將這個圖形分成 4 個相同的部分？有兩種等分為 4 份的方法，其中一種方法是不沿著方格線來分。

223. 2等份

　　如圖 9－4 所示，你能將下面圖形分成大小、外形完全相同的兩個小圖形嗎？

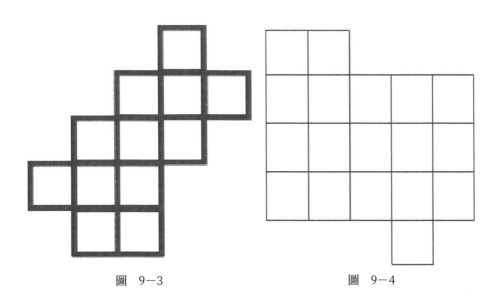

圖　9－3　　　　　　　　　　圖　9－4

224. 連接的圖形

有些圖形由兩個部分組成，這兩個部分僅由一個點相連，這樣的圖形叫做連接圖。如圖 9—5 所示，你能否將這個多邊形分割成兩個相同的連接圖？

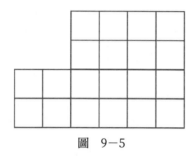

圖　9—5

225. 3等份

如圖 9—6 所示，你能將以下 3 個圖形分成大小、外形完全相同的 3 個小圖形嗎？

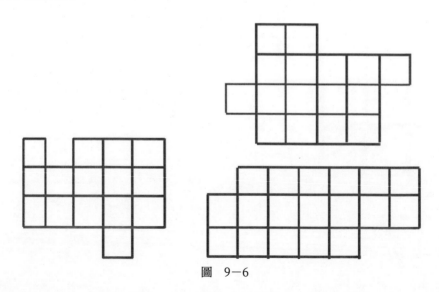

圖　9—6

226. 分圖形

這是一道經典的幾何分割問題。

請將圖 9－7 中的圖形分成 4 等份，而且每一等份都必須是現在圖形的縮小版。

圖 9－7

227. 四等分圖形

如圖 9－8 所示，雷雷必須將這個梯形分成 4 個相同的部分，你能說出該怎麼做嗎？

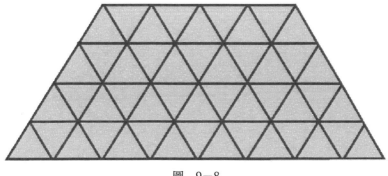

圖 9－8

228. 4個梯形

如圖 9－9 所示，這是一個梯形，請把它分成 4 個完全一樣的，與它形狀相同、面積比它小的梯形，你知道怎麼分嗎？

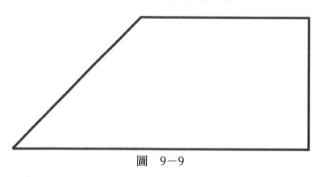

圖　9－9

229. 分成2份

如圖 9－10 所示，把下面的圖形平均分成兩份，要求大小和形狀都一樣，而且分割線只能沿著給出的線，共有幾種不同的分法？（對稱、鏡像、旋轉算同一種）

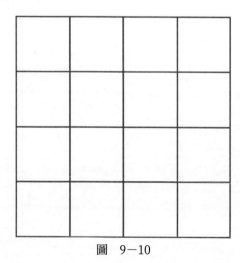

圖　9－10

230. 4等份（1）

如圖 9—11 所示，這是一個長方形。現在要求把這個長方形分成 4 等份，請問有多少種不同的方法？

圖　9—11

橫向擴展訓練營

231. 如何切割拼出正方形

如圖 9－12 所示，左邊是 7×10 的長方形（中間的 6 格是空格），如何將剩餘的 64 個格切割成兩部分，使這兩部分能拼出 8×8 的正方形呢？

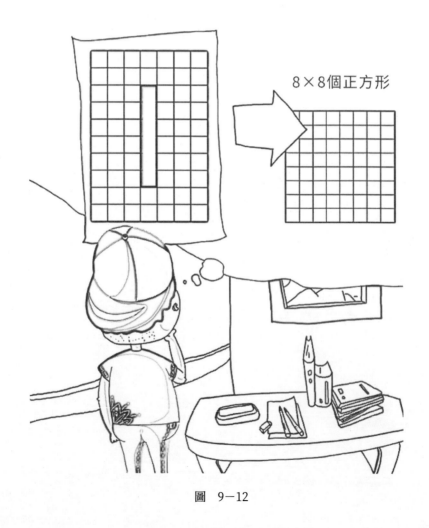

8×8個正方形

圖　9－12

232. 丟失的正方形

如圖 9－13 所示，把一張方格紙貼在紙板上，然後沿圖中左邊圖形所示的直線切成 5 小塊。當你照右圖的樣子把這些小塊拼成正方形的時候，中間居然出現了一個洞。

我們數一下即可知道，左圖的正方形是由 49 個小正方形組成的，而右圖的正方形中卻只有 48 個小正方形。哪一個小正方形不見了？它到哪裡去了？

圖　9－13

233. 怎麼多了一塊

如圖 9－14 的上圖所示的一塊圖形為 8×8 的方格。現在按照圖中黑線分成 4 部分，然後按圖中的方法拼成如圖 9－14 下圖所示的一個長方形。

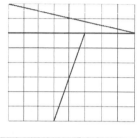

但是現在問題出現了，原來的 8×8 = 64（個）方格，現在變成 5×13 = 65（個）方格，為什麼會多出一個方格呢？

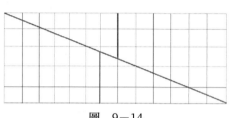

圖　9－14

234. 長方形變正方形

如圖 9－15 所示，這個長方形的長為 16 公分，寬為 9 公分，你能把它剪成大小相等、形狀相同的兩部分，然後拼成一個正方形嗎？

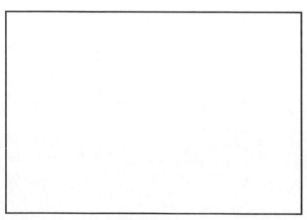

圖　9－15

235. 切割雙孔橋

如圖 9－16 所示，把圖中的雙孔橋切割兩刀，然後拼成一個正方形，你知道要怎麼切割嗎？

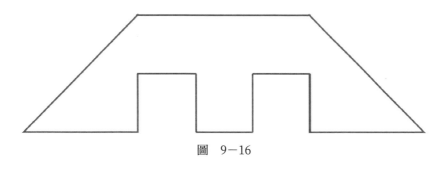

圖　9－16

236. 拼桌面

如圖 9－17 所示，有一塊木板，上面是一個等腰三角形，下面是一個正方形。你能在不浪費木材的情況下，把木板拼成一個正方形的桌面嗎？

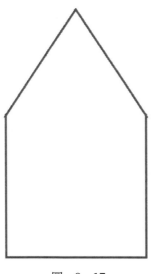

圖　9－17

237. 裁剪地毯

　　小明家有一個房間需要鋪地毯，這個房間的地面是一個三邊各不相等的三角形。但是當媽媽去買地毯的時候，不小心把地毯剪錯了。如果把這塊地毯翻過來正好可以鋪在這塊地上（圖9－18）。但是大家都知道，地毯是有正面和反面的。沒有辦法了，只好把地毯剪開，重新組合成這塊地毯的形狀。請問：要怎麼裁剪這塊地毯，才能使地毯正面朝上，並且裁減的塊數最少呢？

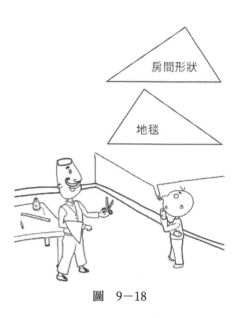

圖　9－18

238. 錶盤分割

　　如圖9－19所示，有一個錶的錶盤，上面有 1 ～ 12 十二個數字，現在要你將這個錶盤分割成 6 部分，使得每一部分上數字的和都相同，你知道該怎麼分嗎？

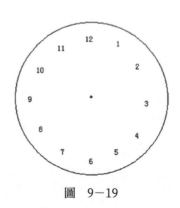

圖　9－19

239. 切蛋糕

如圖 9-20 所示，有一個長方形蛋糕，切掉了長方形的一塊（大小和位置隨意），你怎樣才能筆直地一刀切下去，將剩下的蛋糕切成大小相等的兩塊？

圖 9-20

240. 分月亮

如圖 9-21 所示，請用兩條直線把這個月亮圖形分成 6 個部分，你知道該怎麼分嗎？

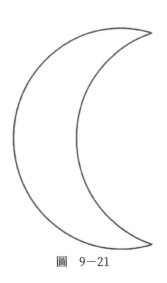

圖 9-21

241. 幸運的切割

如圖 9-22 所示，你能否只用兩刀就將這個馬蹄形磁鐵切成 6 塊？

圖　9-22

斜向擴展訓練營

242. 兄弟分家

有個老父親去世了，給兩個兒子留下了一塊如圖 9－23 所示形狀的土地，你能否將這塊土地分成大小相等、形狀也相同的兩部分？

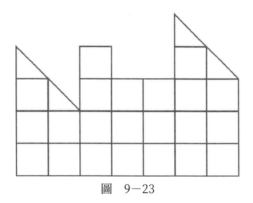

圖　9－23

243. 分地

有個財主家裡有一塊地，形狀如圖 9－24 所示。他有 3 個兒子，兒子長大後，財主決定把地分成 3 份給 3 個兒子。3 個兒子關係不和，要求每個人的地不僅面積一定要一樣大，而且形狀也得相同。請問該怎樣分呢？

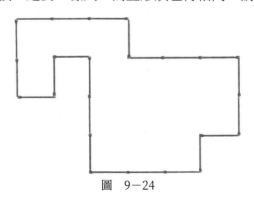

圖　9－24

244. 分土地

　　有個村子有 8 戶人家，位置如圖 9－25 所示。現在要給每戶人家平均分配這些土地，需要每家的土地形狀和大小（包括房子所在的地點）都完全一樣。你知道該怎麼分嗎？

245. 四兄弟分家

　　在一塊正方形的土地上住了兄弟 4 人，剛好這塊土地上有 4 棵大樹，位置如圖 9－26 所示，怎樣才能把土地平均分給兄弟 4 人，而且每家都有一棵樹呢？

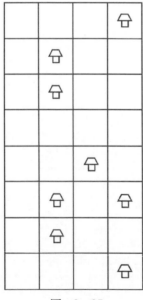

圖　9－25

圖　9－26

246. 分遺產

有一個老員外，他有 4 個兒子，但是他們的關係不好。老員外死了以後，4 個兒子鬧分家，所有值錢的東西都分完了，還有一個如圖 9－27 所示的正方形菜園讓他們傷透了腦筋。

中間一點為菜園的中心，在菜園的一側有 4 棵果樹（見上面的 4 個點），4 個兒子都想公平地均分這個菜園。也就是說，需要大小、形狀都完全一樣，而且每個人都能分到一棵果樹。請問該如何分？

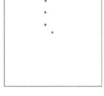

圖 9－27

247. 財主分田

如圖 9－28 所示，4 幅圖的每幅圖中都有 5 種不同的小圖形，每種圖形有 4 個。現在要將這 4 幅圖都分割成形狀相同的 4 個部分，而且這 5 種小圖形每部分各含一個。你知道該怎麼分嗎？

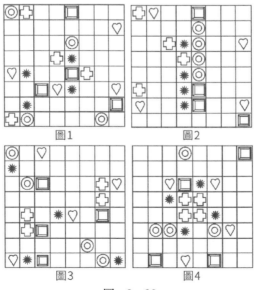

圖 9－28

248. 修路

如圖 9-29 所示,在一個院子裡住了 3 戶人家,每戶人家正對著的大門是自己家的門。

原來大家都是好鄰居,但是後來因為一些小事吵了起來,所以 3 家決定各修一條小路通向自己家的大門,但是又不和其他兩家的路有交叉。你有辦法做到嗎?

圖　9-29

249. 4等份 (2)

如圖 9-30 所示,下面是一個畫有 4 個圓圈、4 個三角形的圓形紙片,紙片的中間有一個方孔。請問:如何才能把這張紙片切割成大小、形狀都相同的 4 份,而且每一份上都有一個圓圈和一個三角形?

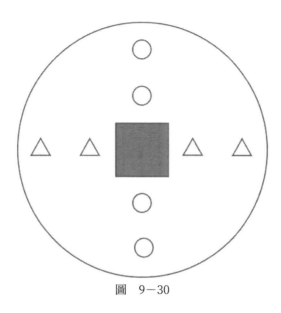

圖　9－30

250. 平分5個圓

　　如圖 9－31 所示，圖中有 5 個大小相等的圓，如果要透過其中一個圓的圓心 A 畫一條直線，把這 5 個圓分成面積相等的兩部分。你知道該怎麼畫嗎？

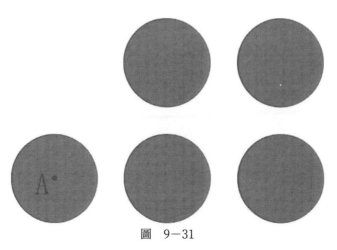

圖　9－31

答案

22. 平分圖形

答案如圖 9—32 所示。

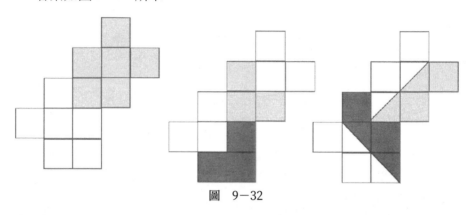

圖　9—32

23. 2等份

答案如圖 9—33 所示。

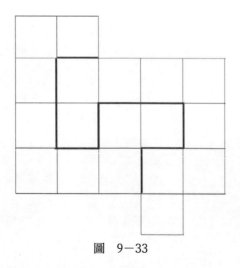

圖　9—33

224. 連接的圖形

答案如圖 9－34 所示。

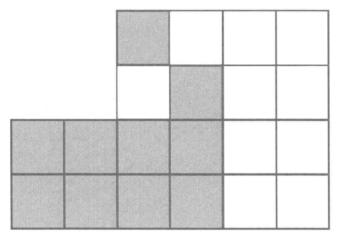

圖　9－34

225. 3等份

答案如圖 9－35 所示。

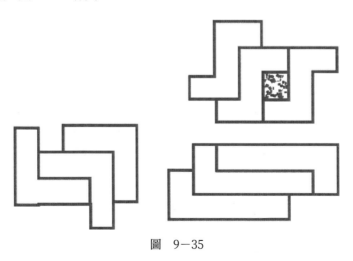

圖　9－35

第九章　分割問題

226. 分圖形

答案如圖 9－36 所示。

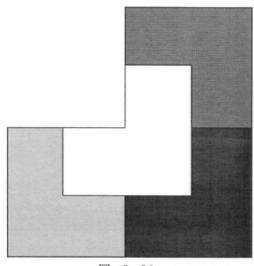

圖　9－36

227. 四等分圖形

答案如圖 9－37 所示。

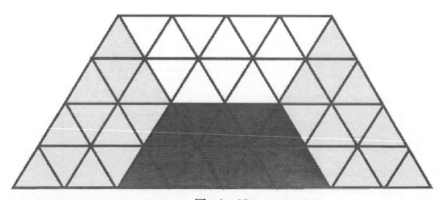

圖　9－37

228. 4個梯形

答案如圖 9－38 所示。

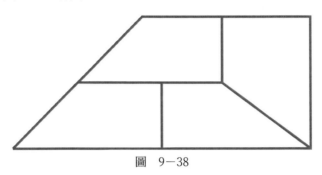

圖 9－38

229. 分成2份

共有 7 種分法，分別如圖 9－39 所示。

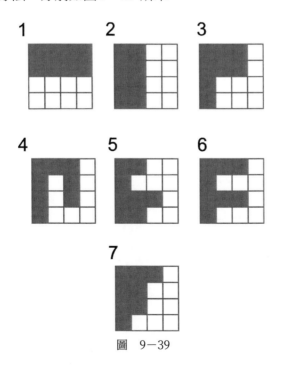

圖 9－39

第九章　分割問題

2 30. 4等份（1）

答案如圖 9－40 所示。

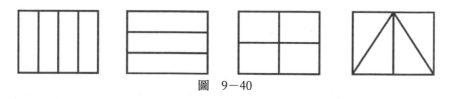

圖　9－41

圖　9－40

2 31. 如何切割拼出正方形

答案如圖 9－41 所示。

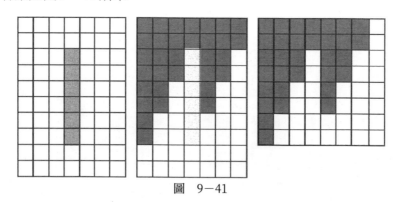

圖　9－41

232. 丟失的正方形

　　5 小塊中最大的兩塊對換了一下位置之後，被那條對角線切開的每個小正方形都變得高比寬大了一點點，這意味著這個大正方形不再是嚴格的正方形。它的高增加了，從而使得面積增加，所增加的面積恰好等於那個洞的面積。

233. 怎麼多了一塊

用相似三角形求比的時候，你會發現小三角形和大三角形的斜邊的斜率是不一樣的，也就是說中間的那條斜線並不是直線，有些部分是重疊的，而有些部分是空缺的，這就解釋了為什麼會多出一個小方格。

234. 長方形變正方形

答案如圖 9－42 所示。

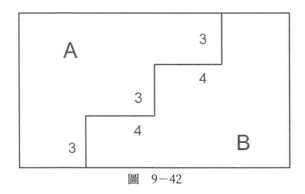

圖　9－42

235. 切割雙孔橋

答案如圖 9－43 所示。

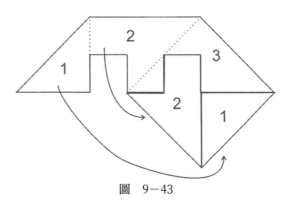

圖　9－43

236. 拼桌面

答案如圖 9−44 所示。

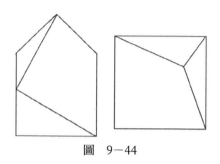

圖　9−44

237. 裁剪地毯

答案如圖 9−45 所示。

因為只有等腰三角形翻過來才能和原來的形狀一樣,所以裁剪方法如圖 9−45 所示,先作一條到底邊的垂直線,再分別連接兩腰的中點,這樣分成 4 份,構成了 4 個等腰三角形。然後分別翻過來,放在房間的對應位置上,縫起來即可。

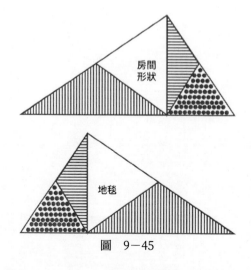

圖　9−45

238. 錶盤分割

按如圖 9-46 所示分割即可。

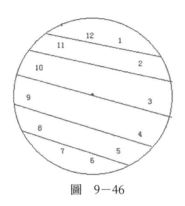

圖 9-46

239. 切蛋糕

答案如圖 9-47 所示。

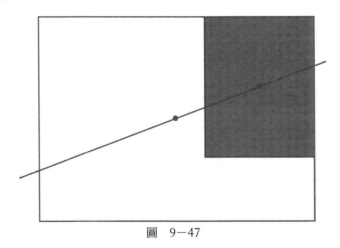

圖 9-47

將完整蛋糕的中心與被切掉的那塊蛋糕的中心連成一條線。這個方法也適用於立方體。請注意，切掉的那塊蛋糕的大小和位置是隨意的，不要一心想著自己切生日蛋糕的方式，要跳出這個慣性思考。

第九章　分割問題

240. 分月亮

答案如圖 9-48 所示。

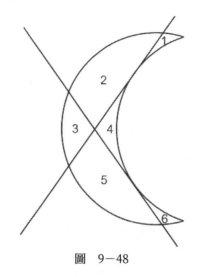

圖　9-48

241. 幸運的切割

答案如圖 9-49 所示。

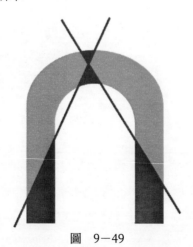

圖　9-49

242. 兄弟分家

按照如圖 9−50 所示分割即可。

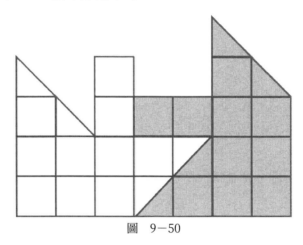

圖　9−50

243. 分地

答案如圖 9−51 所示。

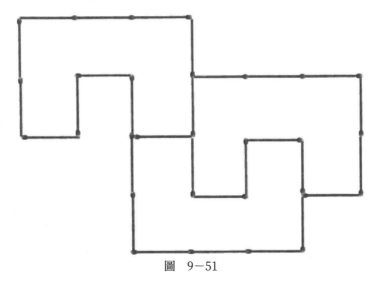

圖　9−51

244.分土地

分法如圖 9－52 所示。

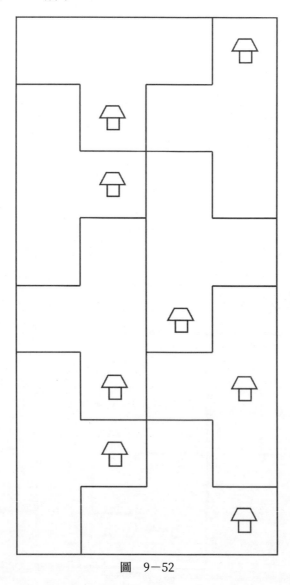

圖　9－52

245. 四兄弟分家

分法如圖 9－53 所示（這只是其中一種情況）。

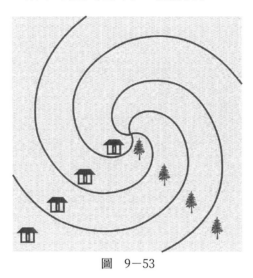

圖　9－53

246. 分遺產

分法如圖 9－54 所示即可。

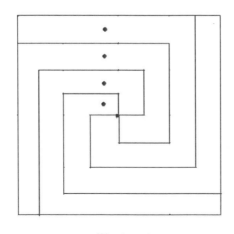

圖　9－54

247. 財主分田

答案如圖 9－55 所示。

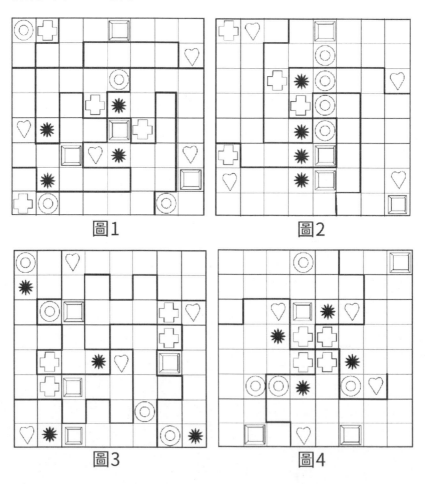

圖 9－55

248. 修路

修成如圖 9－56 所示道路即可滿足條件。

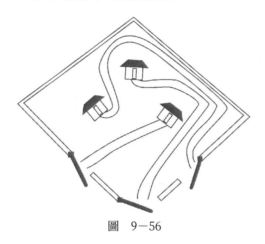

圖　9－56

249. 4等份（2）

答案如圖 9－57 所示。

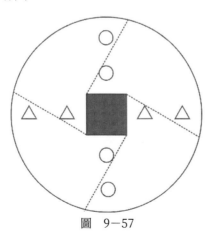

圖　9－57

250. 平分5個圓

　　如圖 9—58 所示，畫出幾個圓來輔助，即可輕鬆地將 5 個圓分成面積相等的兩部分。

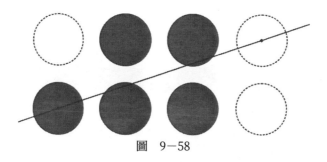

圖　9—58

第十章　連線問題

連線問題，是在給出的一些點上，按照特定的遊戲規則，畫出若干條直線，使其滿足題目的要求。它也是一類非常經典的邏輯訓練題。

最著名的連線問題當然要數九點連線了，它的題目如下。

如圖 10－1 所示，在平面上，有三行三列 9 個點排列。

請問：如何用 4 條連續不斷的直線把這 9 個點連起來？

答案如圖 10－2 所示。

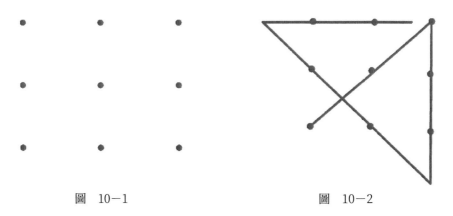

圖　10－1　　　　　　　　　　　　圖　10－2

在 9 點連線問題中，給我們的直覺是直線不能延伸到由 9 個點構成的大方格之外，但是沒有人說這是一條規則，唯一的限制就是我們腦海中的限制。所以，我們要打破限制，尋求最佳的解決方法。

這個經典的邏輯問題蘊含了一個深刻的寓意，那就是創造性思考 —— 通常意味著要在格子外思考。

如果你將自己的思考侷限在 9 個點之內，那麼這個問題就將成為不可能完成的任務。

第十章　連線問題

　　創新也是如此，創造力不僅僅是靈機一動的結果，也不僅僅是各種奇思妙想，它還意味著把我們的思考從阻止它發散開的束縛中解脫。我們不能侷限於像 9 個點所構成的格子那樣的陳規，絕不能讓已有的知識成為創新的阻礙。

縱向擴展訓練營

251. 四點一線

如圖 10-3 所示，圖中有 10 個棋子，移動其中的 3 個，讓這 10 個棋子連成 5 條直線，而且每條線都要經過 4 個棋子。

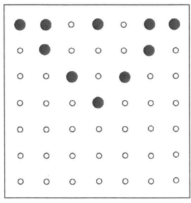

圖 10-3

252. 12點連線

如圖 10-4 所示，你能用一些線段連接這 12 個點以形成一個閉合圖形，而且不讓筆離開紙面嗎？至少需要幾條線段？

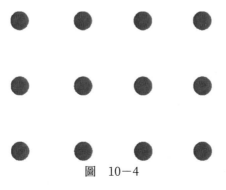

圖 10-4

第十章　連線問題

253. 16點連線

如圖 10－5 所示，請用 6 條相連的直線把圖中的 16 個點連接起來。

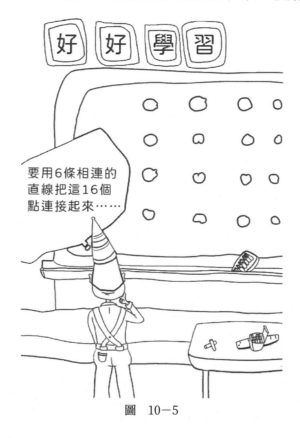

圖　10－5

254. 連線問題

在 9 個點上畫 10 條直線，每條直線上至少要有 3 個點。請問：這 9 個點應該怎麼排列？

255. 連接頂點

如圖 10－6 所示，用直線連接一個正三角形的 3 個頂點，每個點都要經過，而且必須形成一條閉合曲線，只有一種連法。而連接正方形的 4 個頂點，則有 3 種連法；連接正五邊形的 5 個頂點，有 4 種連法……請問：如果連接正六邊形的 6 個頂點，會有多少種連法呢？

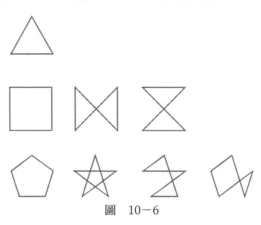

圖　10－6

256. 點兩點連接畫正方形

如圖 10－7 所示，下面有 25 個排列整齊的圓點，連接某些點可以畫出正方形。請問：一共可以畫出多少種大小不同的正方形呢？

圖　10－7

第十章　連線問題

257. 種樹

　　把 27 棵樹種成 9 行，每行有 6 棵，而且要讓其中的 3 棵樹單獨種在 3 個遠離其他樹木的地方。請問：你知道該怎麼栽嗎？

橫向擴展訓練營

258. 電路

如圖 10－8 所示，下面是一個電路的一部分，請確定哪兩根線路是相通的。

259. 迷宮

如圖 10－9 所示，你能幫助迷宮中心的小明找到出口嗎？

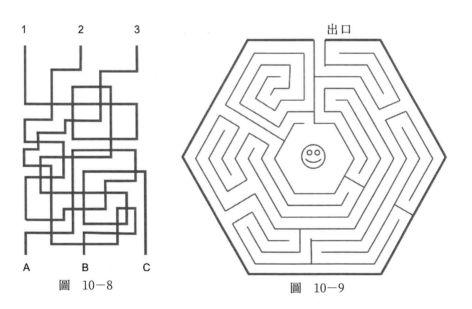

圖　10－8　　　　　圖　10－9

第十章　連線問題

260. 筆不離紙

如圖 10－10 所示，桌上有一張 A 4 的白紙，請你在筆不離開紙的情況下，把下面這個圖形畫出來，記住不能重複已有的線條喔！。

你知道該怎麼畫嗎？

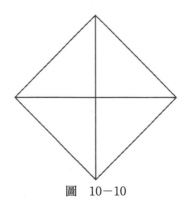

圖　10－10

261. 電路板

電路板是二維的圖。圖中的交點能實現電子操作，而電線則將電信號從一處傳送到另一處。如果電線相交，就會發生「短路」，裝置也將失靈

如圖 10－11 所示，你能夠在這塊電路板上連接標有相同數字的 5 對電路，而不讓任何電線相交嗎？連接的電線必須都在區域內。

圖　10－11

262. 修路

　　如圖 10－12 所示，圖中的星星代表村莊的位置，現在需要在這些村莊之間修路，若要做到路線最短，你知道該怎麼修嗎？

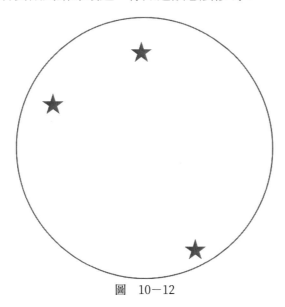

圖　10－12

斜向擴展訓練營

263. 連正方形

　　如圖 10－13 所示，用一個正方形把圖中的 4 個圓圈連起來，讓這些圓圈都在正方形的 4 條邊上。你知道該怎麼連嗎？

圖　10－13

264. 最短距離

　　如圖 10－14 所示，在一個圓錐形物體上的 A 點處有一隻螞蟻在爬著，牠想從圓錐上繞一圈再回到 A 點。請問：圖中給出的路線是牠的最短距離嗎？

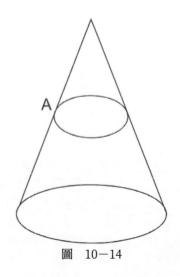

圖　10－14

265. 最短路線

有一個正方體的屋子，在其中一個角處有一隻蜘蛛，牠想爬到對角處那個角上去，你能幫牠設計一條最短的路線嗎？

266. 畫三角

如圖 10－15 所示，在圖的 W 形狀中加入三條直線，使形成的三角形數量最多，你知道該怎麼加嗎？

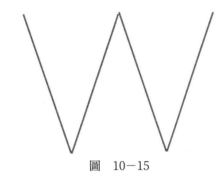

圖　10－15

267. 5個三角形

如圖 10－16 所示，在圖中添加三條直線，使它變成 5 個小三角形（三角形內部不能有多餘的線）。你知道怎麼做嗎？

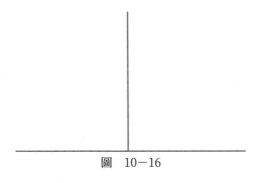

圖　10－16

268. 5個變10個

如圖 10－17 所示，圖中的五角星包含 5 個三角形（只由 3 條邊圍成，內部沒有多餘的線）。

請在這個圖上添加兩條線，讓三角形變成 10 個。當然，新的三角形內部也不能有多餘的線。

圖　10－17

269. 重疊的面積

　　如圖 10－18 所示，這個直角三角形的直角頂點正好與正方形的中心重合。請問：當三角形繞著正方形的中心旋轉的時候，重疊的面積什麼時候最大？

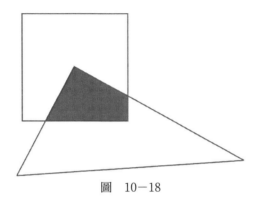

圖　10－18

270. 齒輪

　　如圖 10－19 所示，假設下面的 4 個齒輪中，A 和 D 都有 60 個輪齒，B 有 10 個輪齒，C 有 30 個輪齒。請問：A 與 D 誰轉得更快一點？

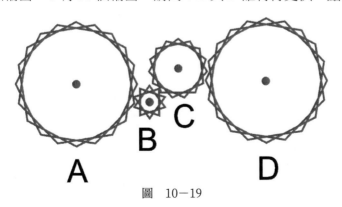

圖　10－19

271. 傳送帶

　　如圖 10－20 所示，該圖是一組透過傳送帶相連的齒輪。請問：如果左上角的齒輪順時針旋轉，其他幾個齒輪分別怎麼旋轉呢？

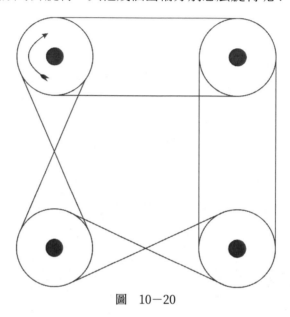

圖　10－20

272. 運動軌跡

　　如圖 10－21 所示，在一個平面上有一個圓圈，圓圈的正上方有一個黑點。請問：如果這個圓圈在平面上滾動，這個黑點的運動軌跡是什麼？

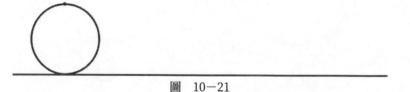

圖　10－21

答案

251. 四點一線

答案如圖 10－22 所示。

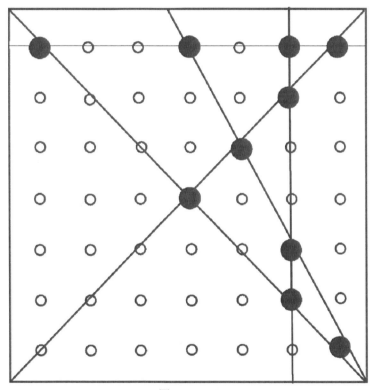

圖　10－22

252. 12點連線

一旦獲得一個有用的靈感之後，它就可以發散思考。如果你已經解決了 9 個點的問題，那麼更多點的問題的答案就容易得到了。就本題而言，需要用 5 條直線，答案如圖 10－23 所示。

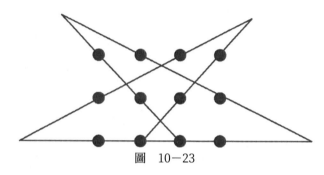

圖　10－23

253. 16點連線

答案如圖 10－24 所示。

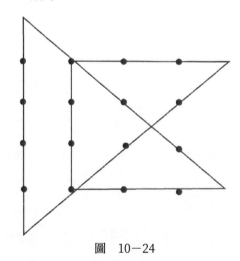

圖　10－24

254. 連線問題

答案如圖 10−25 所示。

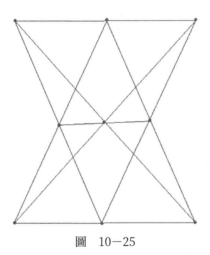

圖　10−25

255. 連接頂點

共有 12 種連法，答案如圖 10−26 所示。

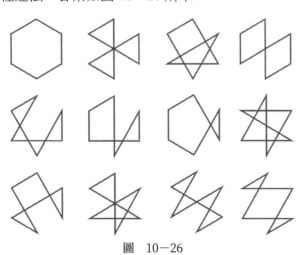

圖　10−26

第十章　連線問題

256. 點兩點連接畫正方形

可以畫出 7 種大小不同的正方形，答案如圖 10－27 所示。

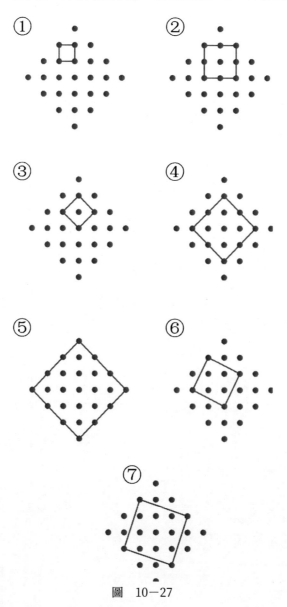

圖　10－27

314

257. 種樹

答案如圖 10－28 所示。

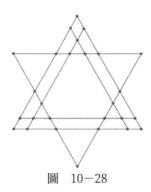

圖　10－28

258. 電路

1 和 C、2 和 A、3 和 B 分別是相通的。

259. 迷宮

答案如圖 10－29 所示。

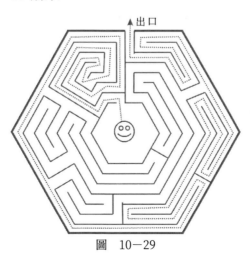

圖　10－29

260. 筆不離紙

先把白紙的一個角沿 45° 折起來,然後如圖 10−30(a)所示,畫出 3 條邊,然後打開摺疊的紙片,這樣在白紙上只剩下兩條平行的直線。繼續畫剩下的線條,就可以筆不離紙地畫出這個圖形了。

261. 電路板

答案如圖 10−31 所示。

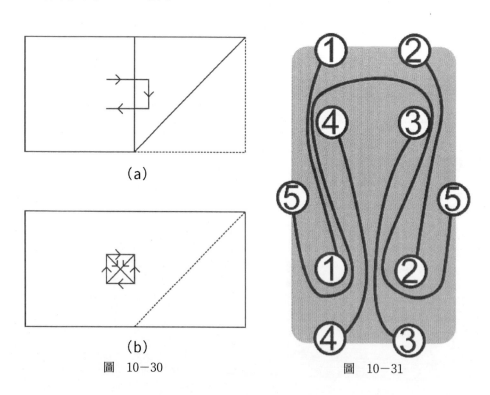

(a)

(b)

圖 10−30

圖 10−31

262. 修路

答案如圖 10−32 所示。

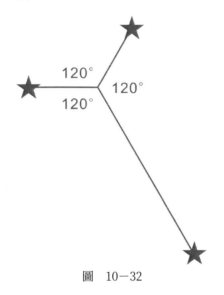

圖　10−32

263. 連正方形

答案如圖 10−33 所示。

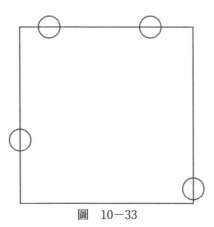

圖　10−33

第十章　連線問題

264. 最短距離

不是。

答案如圖 10－34 所示。把圓錐的側面展開，這樣 A 點到 A 1 點的直線才是螞蟻經過的最短距離。

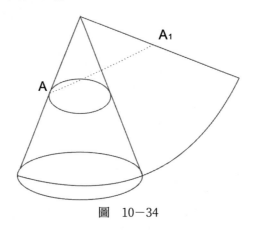

圖　10－34

265. 最短路線

將立方體兩個相鄰的側面展開（圖 10－35），A 和 B 的連線即是最短路線。

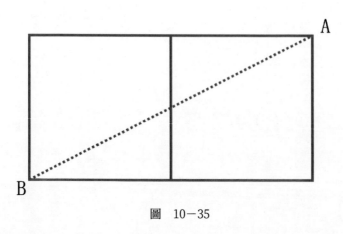

圖　10－35

266.畫三角

答案如圖 10－36 所示。

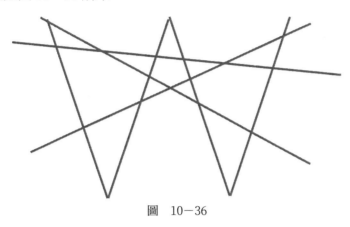

圖　10－36

267.5個三角形

答案如圖 10－37 所示。

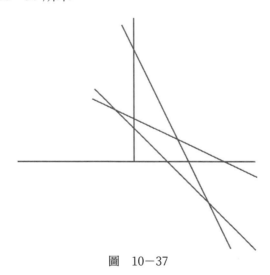

圖　10－37

268.5個變10個

這道題目有點難度，能找到答案已經很不容易了。答案如圖 10－38 所示。

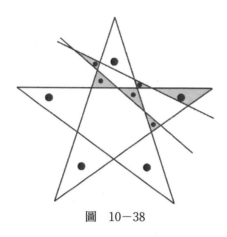

圖　10－38

269.重疊的面積

如圖 10－39 所示，不論三角形轉到哪裡，重疊的面積大小都不變。因為不論轉到什麼角度，圖中 A、B 兩部分永遠是全等的，所以重疊部分的面積永遠是正方形的 1/4。

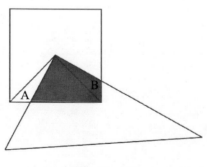

圖　10－39

270. 齒輪

因為它們的齒數相同，所以轉速也相同，與中間連接的齒輪沒有關係。

271. 傳送帶

左下角的齒輪逆時針旋轉，其他的齒輪都是順時針旋轉。

272. 運動軌跡

答案如圖 10－40 所示。

圖　10－40

第十章　連線問題

第十一章　一筆畫問題

一筆畫問題是一個簡單的數學遊戲，也是一個幾何問題。簡單地說，如果一個圖形可以用筆在紙上連續不斷而且不重複地一筆畫成，那麼這個圖形就叫一筆畫。

我們常見的一筆畫問題，是確定平面上由若干條直線或曲線構成的圖形能不能一筆畫成，而且在每條線段上都不重複。例如漢字「日」和「中」字都是可以一筆畫的，而漢字「田」和「目」則不能。當然，如果運用一些特殊的方法，比如採用對摺紙張的方法，也是可以畫出「田」和「目」的一筆畫的。這就要看題目的具體要求了。

下面列舉一個一筆畫的例子。

在古希臘的很多建築上都有一種特殊的符號，如圖 11－1 所示，它是由一個圓和若干個三角形組成的。請問：這個圖形可以一筆畫出而且任何線條都不重複嗎？該怎麼畫？

這就是一個一筆畫問題，它可以一筆畫出，方法如圖 11－2 所示。

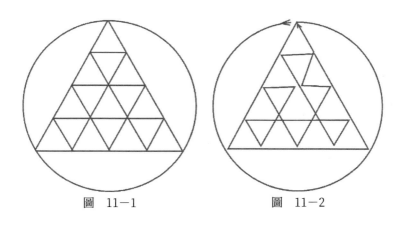

圖　11－1　　　　　　　　圖　11－2

第十一章　一筆畫問題

早在 18 世紀，瑞士的著名數學家歐拉就找到了一筆畫的規律。歐拉認為，能一筆畫的圖形首先必須是連通圖，也就是說一個圖形各部分都是有邊相連的。

但是，並不是所有的連通圖都是可以一筆畫的。能否一筆畫出是由圖中奇偶節點的數目來決定的。

數學家歐拉找到一筆畫的規律如下。

（1）凡是由偶頂點組成的連通圖，一定可以一筆畫成。畫時可以把任一偶頂點作為起點，最後一定能以這個點為終點畫完此圖。

（2）凡是只有兩個奇頂點的連通圖（其餘都為偶頂點），一定可以一筆畫成。畫時必須把一個奇點作為起點，另一個奇點作為終點。

（3）其他情況的圖都不能一筆畫出（有偶數個奇頂點除以 2，便可算出此圖需幾筆畫成）。

縱向擴展訓練營

273. 7橋問題

在柯尼斯堡的一個公園裡，有 7 座橋將普列戈利亞河中兩座島及島與河岸連接起來（圖 11－3）。圖中 A、D 是兩座小島，B、C 是河流的兩岸。

請問：是否可能從這 4 塊陸地中的任意一塊陸地出發，恰好每座橋通過一次，再回到起點呢？

圖　11－3

第十一章　一筆畫問題

74. 歐拉的問題

如圖 11－4 所示，若要你一筆畫出由黑線勾勒出的完整圖樣。

你能畫出全部 11 幅圖嗎？如果不能，哪一幅圖畫不出呢？

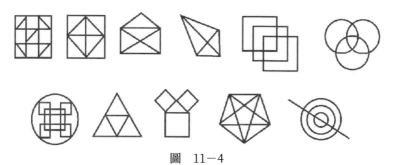

圖　11－4

75. 一筆畫正方形

如圖 11－5 所示，拿一支鉛筆，你能一筆畫出這 5 個正方形嗎？不能重複畫過的線，也不能穿過畫好的線。

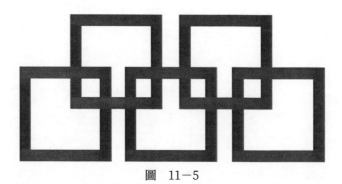

圖　11－5

276. 一筆畫

　　如圖 11－6 所示，請用一筆把下面這個圖形畫出來。你知道該怎麼畫嗎？

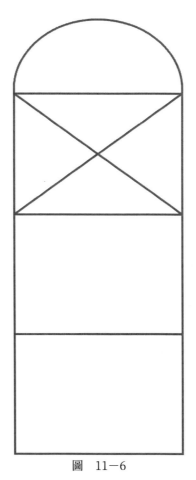

圖　11－6

橫向擴展訓練營

277. 送貨員的路線

如圖 11－7 所示，小明是一個送貨員，每天他都從中心的實心星星處出發，為各個圓圈處的客戶送貨，然後再返回實心星星處。請你幫他設計一條送貨路線，使他可以送完所有的貨物而不走冤枉路。

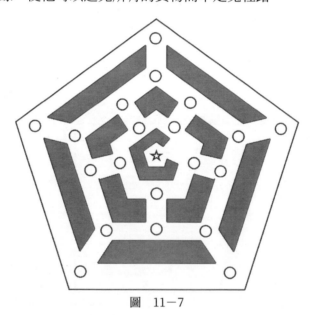

圖　11－7

278. 巡邏（1）

　　如圖 11－8 所示，一個小鎮上有 7 條街道，一名警察需要每天巡邏這些街道，一條也不能沒巡邏到。請你幫他設計最佳的路線，使他走的冤枉路最少。

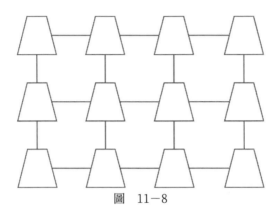

圖　11－8

279. 巡邏（2）

　　有一個城堡如圖 11－9 所示，裡面的正方形代表城堡內城城牆，外面的正方形代表城堡外城城牆。兩個城牆之間是一個狹長的走廊。城堡的國王找了一位大臣，讓其設計一個巡邏方案，走廊裡要時刻有人在走動巡邏，並使巡邏從不間斷。大臣設計了一個方案，如圖 11－9 所示：首先 1 號騎士巡邏到 2 號騎士所在地，自己留下後讓 2 號騎士向前巡邏。2 號騎士走到 3 號騎士位置停下，3 號騎士繼續向前……大臣相信這個方案完全符合君主的要求。

　　果真如此嗎？

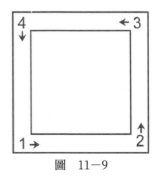

圖　11－9

280. 保全巡邏

　　如圖 11－10 所示，這是一個展覽館的平面圖，上面標明了有 8×8 共 64 個房間，每兩個房間之間都有一道門。A、B、C、D、E 是 5 個保全的位置。每天 18：00 時，鐘樓的鐘聲會敲響，A 就要穿過房間從 a 出口出去。同樣，B 從 b 出口出去，C 從 c 出口出去，D 從 d 出口出去，然後 E 需要從目前的位置走到 F 標記的房間。

　　自作聰明的巡邏隊長還要求 5 個巡邏隊員走的路線絕對不准交會，也就是任何一個房間都不允許有一條以上路線穿過，也不可以遺漏任何一個房間。

　　你能幫巡邏隊員們找出他們各自的路線嗎？

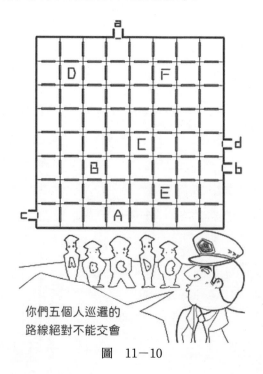

圖　11－10

281.巡視房間

如圖 11－11 所示，有一個警衛，要在圖中的 15 個房間巡視，每兩個相鄰的房間之間都有門相連。他從入口處進來，需要走遍所有的房間。而且每個房間只可以進出一次，最後走到最裡面的管理室，你知道他該怎麼走嗎？

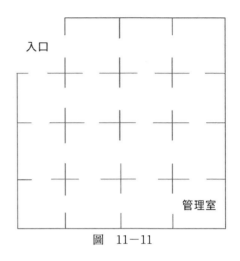

圖　11－11

282.如何通過

如圖 11－12 所示，這是一幅從辦公室上方俯視的平面圖。你能只轉向兩次就通過所有的房間嗎？

圖　11－12

283. 尋寶比賽

　　如圖 11－13 所示，某電視臺舉辦了一次尋寶比賽，尋找藏在 Z 城的寶物。所有的人先在 A 城集合，然後參賽者們分頭去除了 A 城和 Z 城以外的其他 9 個城鎮尋找線索，每一個城鎮都有一條線索，只有把這些線索集中在一起，才會知道那件寶物藏在 Z 城的什麼位置。另外有一個要求，就是每個城鎮只能去一次，不能重複去。只有巧妙地安排自己的路線，才能順利地從 A 城到達 Z 城。圖中是 11 個城鎮的分布圖，城鎮與城鎮之間只有唯一的一條道路相連。

　　請問：參賽者們該怎麼走呢？

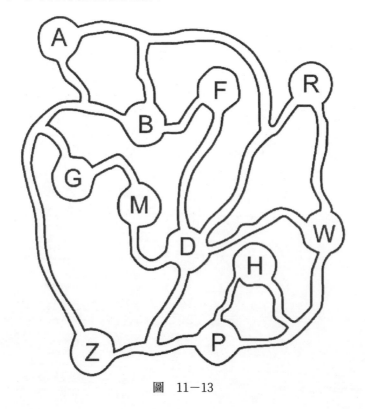

圖　11－13

284. 消防設備

　　如圖 11-14 所示，圖中有 9 座倉庫，為了防火，需要在其中的兩座倉庫分別放置一套防火設備，這樣凡是與該倉庫直接相連的倉庫也可以就近使用。請問：這兩套防火設備需要放在哪裡？

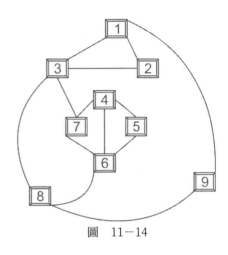

圖　11-14

285. 貓吃魚

　　這只是一個遊戲，魚是不會動的，但貓要吃到所有的魚也不是非常簡單。如圖 11-15 所示，貓從 1 號魚的位置出發，沿黑線跑到另一條魚的位置，最終把魚全部吃掉，一條也不留，但是同一個地方不能去第二次。請問：牠該怎麼走？

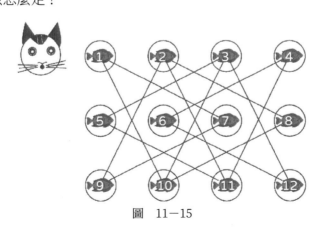

圖　11-15

286.尋找骨頭

　　如圖 11－16 所示，每間房裡都有一塊骨頭。小狗一次吃完所有的骨頭後，從 A 門出來。

　　請問：小狗從 1～8 中的哪扇門進去，才不會走重複路線（每間房間只允許進出各一次，並且不許從同一扇門進出）？幫小狗想一想應該怎麼走。

　　提示：從唯一的出口 A 門倒著向前尋找路線，這樣成功率就會大一點。

圖　11－16

斜向擴展訓練營

287. 有向五邊形

如圖 11－17 所示，這個圖形中，每條邊都只能沿一個方向走。你能找出一條可以經過全部 5 個點的路徑嗎？

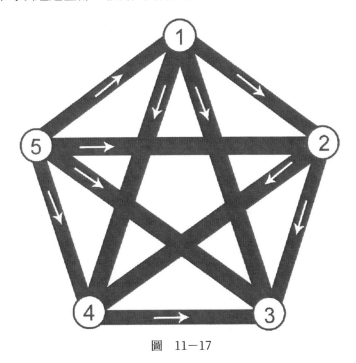

圖　11－17

288.殊途

　　如圖 11－18 所示，這個難題有一個規則：只能沿著箭頭所指的方向走。你能根據規則找到多少條從入口到出口的路徑呢？

289.路徑謎題

　　如圖 11－19 所示，依照圖中的箭頭方向，從起點走到終點共有多少種走法？

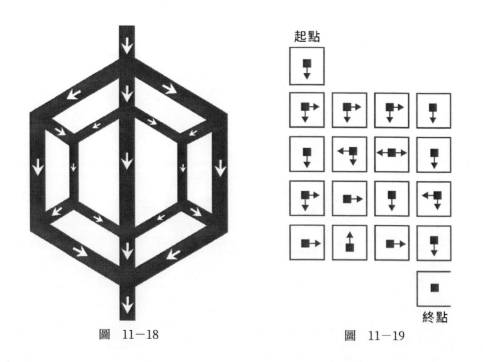

圖　11－18　　　　　　　　　　圖　11－19

290. 車資最低

如圖 11－20 所示，點點家住 A 村，他要到 B 村的奶奶家，乘車路線有多種選擇，交通工具不同，所需要的車資也就不同。圖中標出的數字是各段的車資（單位：元）。請問：點點到奶奶家最少要花多少元？走的路線是哪一條？

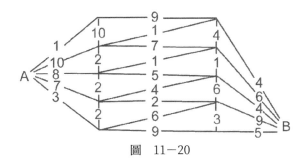

圖　11－20

291. 穿越迷宮

如圖 11－21 所示，下面這個迷宮很有趣，你只能沿著箭頭的方向走。請問：從開始到結束，一共有多少條不同的路線可走？

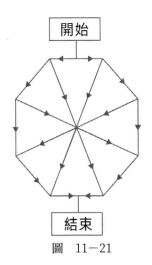

圖　11－21

292. 數字路徑

如圖 11－22 所示，從圖中左上角的位置沿著規定的路徑（只允許向右或者向下走），最後走到右下角的位置，所經過的數字為 9 個。請問：這 9 個數字的和是 30 的路徑有哪幾條？

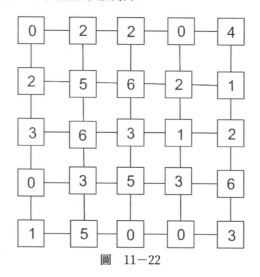

圖　11－22

293. 路徑

如圖 11－23 所示，從 A 點到 F 點一共有多少條不同的路徑？（每段都不可以重複通過。）

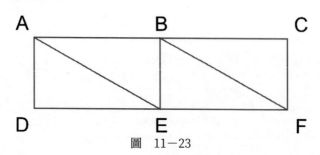

圖　11－23

答案

273. 7橋問題

　　7橋問題（seven bridges problem）是一個著名的古典數學問題。歐拉用點表示島和陸地，兩點之間的連線表示連接它們的橋，將河流、小島和橋簡化為一個網路（圖11－24），把7橋問題轉化成判斷連通網路能否一筆畫的問題。他不僅解決了此問題，而且給出了連通網路可一筆畫的充分必要條件：它們是連通的，且奇頂點（通過此點的弧的條數是奇數）的個數為0或2。7橋問題所形成的圖形中，沒有一點含有偶數條數，因此上述的任務無法完成。

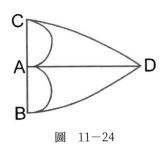

圖　11－24

　　歐拉的這項思考非常重要，也非常巧妙，它正表明了數學家處理實際問題的獨特之處——把一個實際問題抽象成合適的「數學模型」。這種研究方法就是「數學模型法」。

　　這並不需要運用到許多深奧的理論，但想到這一點，卻是解決難題的關鍵。

　　歐拉透過對7橋問題的研究，不僅圓滿地回答了柯尼斯堡居民提出的問題，而且得到並證明了有關一筆畫的三條結論，人們通常稱為歐拉定理。對於一個連通圖，通常把從某節點出發，一筆畫成所經過的路線叫做

歐拉路徑。如果路徑閉合（一個圈），則稱為歐拉迴路。具有歐拉迴路的圖叫做歐拉圖。

1736 年，歐拉在交給彼得堡科學院的《柯尼斯堡的七橋》的論文報告中闡述了他的解題方法。他的巧解，為後來的數學新分支 —— 拓撲學的建立奠定了基礎。

74. 歐拉的問題

當李昂哈德·歐拉解決了《柯尼斯堡的七橋》問題之後，他發現了解決這類問題的普遍規則。訣竅是計算到每個交點或節點的路徑數目。如果超過兩個節點有奇數條路徑，那麼該圖形是無法一筆畫出的。

在這個例子中，路徑 4 和路徑 5 是無法畫出的。

如果正好有兩個節點有奇數條路徑，那麼問題就有可能得到解決，也就是要以這兩個節點分別為起點和終點，路徑 7 便是這樣的圖。為了一筆畫出它，你必須從底端的一角出發，並回到另一角。

75. 一筆畫正方形

答案如圖 11－25 所示。

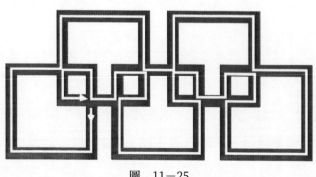

圖　11－25

276. 一筆畫

答案如圖 11－26 所示。

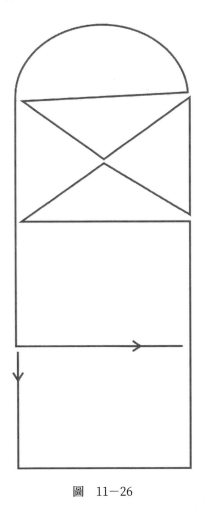

圖　11－26

277. 送貨員的路線

送貨員的路線如圖 11－27 所示。

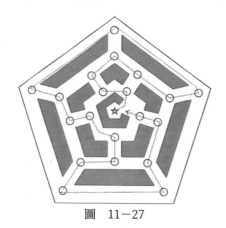

圖 11－27

278. 巡邏（1）

答案如圖 11－28 所示。

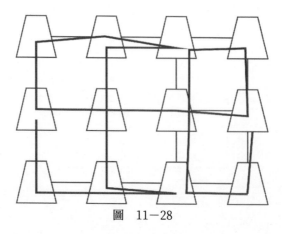

圖 11－28

279. 巡邏（2）

遺憾的是，當 4 號騎士到達轉角處時，1 號騎士並不在那裡。

280. 保全巡邏

答案如圖 11－29 所示。

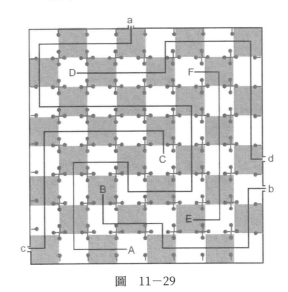

圖　11－29

281. 巡視房間

如圖 11－30 所示巡視即可。

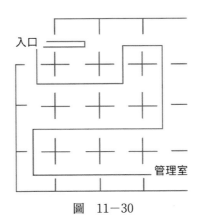

圖　11－30

282. 如何通過

如圖 11－31 所示，撞到牆後再轉彎。

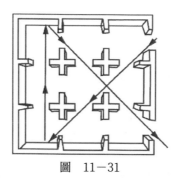

圖 11－31

283. 尋寶比賽

路線是：A → G → M → D → F → B → R → W → H → P → Z。只有按這條路線走，才能做到從 A ～ Z 的每個城鎮走一次而不重複。

284. 消防設備

放在 1 號和 6 號倉庫即可。

285. 貓吃魚

貓的路線是：1、7、9、2、8、10、3、5、11、4、6、12。

286. 尋找骨頭

答案如圖 11－32 所示。小狗從第 8 扇門進去，這樣就能一次吃完所有的骨頭而且路線不重複。

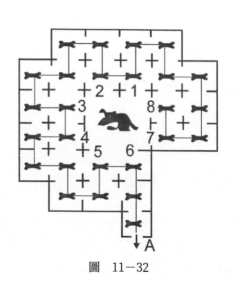

圖 11－32

287. 有向五邊形

路徑是 5、1、2、4、3。

288. 殊途

有 11 條可行的路徑。

289. 路徑謎題

15 條。表 11−1 中這個 4×4 的矩形陣顯示了圖中每一點各有幾條路可到。

表　11−1

1	1	1	1
3	2	1	2
3	8	10	2
3	3	13	15

290. 車資最低

所花車資最少需要 13 元。走法：A 村、3 元、2 元、4 元、4 元、B 村。

291. 穿越迷宮

答案如圖 11−33 所示。一共有 18 條不同的路線。每個節點處都標出了到達這裡不同的路線數。

292.數字路徑

只有一條，是 $0 + 2 + 2 + 6 + 3 + 5 + 3 + 6 + 3 = 30$，其他的路徑都不可以。你找出來了嗎？

293.路徑

一共有 9 種不同的路徑，你可以自己數一下。

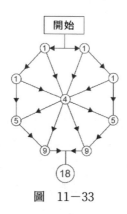

圖　11－33

第十二章　悖論與詭辯

悖論，就是按照正確的邏輯思考，卻得出矛盾的結果。而詭辯，就是有意地把真理說成錯誤、把錯誤說成真理的狡辯。

與詭辯相比，悖論雖然表面看上去違背真理，但在邏輯上是無懈可擊的。而詭辯通常是透過偷換概念、混淆事實、顛倒黑白等方式來完成辯論的。所以，詭辯是有漏洞的，而悖論是沒有漏洞的，這是悖論與詭辯最大的區別。

下面列舉一個經典的悖論。

普羅達哥拉斯收了一個有才氣的窮弟子，答應免費教授，條件是他完成學業又打贏頭場官司之後要付給普羅達哥拉斯一筆錢，弟子答應了。有趣的是，等弟子完成了學業之後，偏不去跟人打官司，到處遊玩了很久。為了得到那筆錢，普羅達哥拉斯就告了弟子一狀，要求弟子馬上付給他學費。雙方在法庭上提出各自的論點。

弟子說：「如果我打贏了這場官司，那麼根據判決，我不必付學費。如果我打輸了這場官司，那麼我還沒有『打贏頭場官司』，而我打贏頭場官司之前不必付學費給普羅達哥拉斯。可見，不論這場官司是贏是輸，我都不必付學費。」

普羅達哥拉斯說：「如果他打輸了這場官司，那麼根據判決，他必須馬上向我付學費。如果他打贏了這場官司，那麼他就『打贏了頭場官司』，因此他也必須向我付學費。不論哪種情況，他都必須付學費。」

請問他們誰說得對？

這個謎題的關鍵是把法律的判決和師徒之間的承諾視為具有同等效

力，所以變成了一個讓人左右為難的問題，很多人不知道該怎麼回答。

比較好的回答是：法院可以判弟子勝訴，也就是他不需要馬上付學費，因為他還沒有打贏頭場官司。等這場官司一了結，弟子就欠普羅達哥拉斯的債了，所以普羅達哥拉斯馬上若再告弟子一狀。這次法院就該判普羅達哥拉斯勝訴了，因為弟子如今已經打贏過官司了。

古今中外有不少著名的悖論，它們震撼了邏輯和數學界並激發了人們求知和思考，吸引了古往今來許多思想家和愛好者的注意力。解決悖論難題需要創造性的思考，悖論的解決又往往可以給人帶來全新的觀念。

悖論有以下三種主要形式。

（1）一種論斷看起來好像肯定錯了，但實際上卻是對的。

（2）一種論斷看起來好像肯定是對的，但實際上卻錯了。

（3）一系列推理看起來好像無懈可擊，可是卻導致邏輯上自相矛盾。

同時假設兩個或更多不能同時成立的前提，是一切悖論問題的共同特徵。

詭辯在現實中是令人厭惡的，但是在邏輯學的探討中卻有相當的位置。孔多塞說：「希臘人濫用日常語言的各種弊端，玩弄字詞的意義，以便在可悲的模稜兩可之中束縛人類的精神。可是，這種詭辯卻也賦予了人類的精神以一種精緻性，同時它又耗盡了他們的力量來反對虛幻的難題。」

玩弄詭辯術的人，從表面上來看，似乎能言善辯，道理很多。他們在寫文章或講話的時候往往滔滔不絕，振振有詞。他們每論證一個問題，也總是可以拿出許多「根據」和「理由」，但是，這些根據和理由都是不能成立的。他們只不過是主觀地玩弄一些概念，說些虛假或片面論據，做些歪曲的論證，目的是為自己荒謬的理論和行為做辯護。

縱向擴展訓練營

294. 蘇格拉底悖論

有「西方孔子」之稱的雅典人蘇格拉底（西元前 470—前 399 年）是古希臘的大哲學家，曾經與普羅達哥拉斯、哥吉斯等著名詭辯家對話。他建立了「定義」的方法，以應對詭辯派常常混淆的修辭，進而批判了各種不同派別的言論。然而，他的道德觀念在當時的希臘社會並未受到歡迎，竟在 70 歲時被視為詭辯派混淆言論的代表。在普洛特哥拉斯被驅逐並其書籍被焚毀後的 12 年，蘇格拉底也因此被判處死刑，但他的學說卻得到了柏拉圖和亞里斯多德的傳承。

蘇格拉底有一句名言：「我只知道一件事，那就是我什麼都不知道。」

你知道這句話有什麼問題嗎？

295. 穀堆悖論

如果 1 粒穀子落地不能形成穀堆，2 粒穀子落地不能形成穀堆，3 粒穀子落地也不能形成穀堆，以此類推，無論多少粒穀子落地都不能形成穀堆。這個推理有什麼問題嗎？

296. 全能者悖論

如果說上帝是萬能的，他能否創造一塊他舉不起來的大石頭？

297. 羅素是教皇

數學家羅素告訴一位哲學家假命題蘊含任何命題。那位哲學家頗為震驚，他說：「莫非由 2 加 2 等於 5 能推出你是教皇？」羅素答曰：「正是。」哲學家問：「你能證明這一點嗎？」羅素回答：「當然能。」你知道他是怎麼證明的嗎？

298. 奇怪的悖論

下面來看看同一個人在不同場合說的三句話。

「宇宙是這麼浩瀚，我是如此渺小，在絢麗無邊的宇宙裡面，我的存在微不足道，我簡直什麼都不是。」

「我是人類，人類自然比其他生物高級，因為只有人類具有智慧。」

「天哪，這朵花真是太漂亮了，世界上還有什麼東西能比這朵花更動人嗎？這是世上最完美的造物！」

透過這三句話，我們能推理出一個什麼奇怪的結論呢？

299. 飛矢不動

一次，古希臘的哲學家芝諾問他的學生：「一支從弓射出去的箭是動態的還是靜止的？」

學生答道：「那還用說，當然是動態的。」

芝諾道：「的確如此，這是很明顯的，這支箭在每個人的眼裡都是動態的。現在我們換個思考方式，這支箭在每一個瞬間都有它的位置嗎？」

學生答道：「有的，老師，任何一個瞬間它都在一個確定的位置上。」

芝諾問道：「在這個瞬間裡，這支箭占據的空間和它的體積一樣嗎？」

學生答道：「是的，這支箭有確定的位置，又占據著和它自身體積一樣的空間。」

芝諾繼續問道：「那麼在這個瞬間，這支箭是動態的，還是靜止的？」

學生答道：「是靜止的。」

芝諾道：「在這個瞬間是靜止的，那麼在其他瞬間呢？」

學生答道：「也是靜止的。」

芝諾道：「既然每一個瞬間這支箭都是靜止的，所以射出去的箭都是靜止的。」

芝諾的這個理論到底錯在了哪裡？

300. 白馬非馬

戰國時期，有一天，公孫龍騎著一匹白馬要進城，守門的士兵把他攔下來說道：「本城規定，不許放馬進城。」

公孫龍心生一計，說道：「我騎的是白馬，並不是馬，所以可以進城。」

士兵奇怪地問：「白馬怎麼就不是馬了？」

公孫龍道：「因為白馬有兩個特徵：第一，牠是白色的；第二，牠具有馬的外形。但是馬只有一個特徵，就是具有馬的外形。一個具有兩個特徵，一個只具有一個特徵，一個卻有兩個特徵怎麼會一樣呢？所以白馬根本就不是馬。」

士兵被說得無法回答，只好放公孫龍和他的白馬進城。公孫龍也因此而成名，成為戰國時期「名家」的代表人物。

公孫龍的話看上去似乎很有道理，要用兩個特徵來定義的事物確實不等同於只用一個特徵就能定義的事物。可是如果我們接受了「白馬非馬」，那麼也能如法炮製地得出「白貓不是貓」、「鉛筆不是筆」、「橘子不是水果」等結論來。請問：公孫龍「白馬非馬」的論證到底哪裡有問題呢？

301. 正直的強盜

一夥強盜抓住了一個商人，強盜頭目對商人說：「你說我會不會殺掉你，如果說對了，我就把你放了；如果說錯了，我就殺掉你。」

商人一想，說：「你會殺掉我。」於是強盜把他放了。

你知道這是為什麼嗎？

302. 機靈的小孩

有一群人在路口喧譁，一個小孩子過去看熱鬧。原來那裡有兩個人在玩遊戲，他們的規矩是，一個人說一句話，如果另外一個人不相信的話，就要給說話的人 5 個銅板。這兩個人中有一個人比較憨厚，所以輸了不少錢，而另一個無賴總是贏錢。於是這個小孩子過去替那個憨厚的人玩遊戲，並且每次都對那個無賴說同樣的一句話，無賴每次只能回答「不相信」，並且給小孩子 5 個銅板。你知道小孩子是怎麼說的嗎？

橫向擴展訓練營

303. 希臘老師的辯術

有一天，兩個學生去請教他們的希臘老師：「老師，究竟什麼叫詭辯呢？」

希臘老師看了看兩個學生，想了一會兒，說：「我先給你們出個問題吧！有兩個人到我這裡做客，一個很愛乾淨，一個則很髒。我請他們兩個人洗澡，你們想一想，他們兩個人中誰會洗呢？」

在這個問題中，無論兩個學生回答什麼答案，老師都可以否定他們，從而教會他們什麼是詭辯。你知道老師是怎麼說的嗎？

304. 日近長安遠

幼年時的晉明帝，有一天在他爸爸身邊玩耍，正巧碰上從長安來的使臣。

爸爸問他：「你說太陽和長安哪個離你較近？」

兒子答：「長安近。因為沒有聽說過有人從太陽那邊來，這不就是證明嗎？」

爸爸聽了很高興，想當眾誇耀自己的兒子一番。

第二天當著許多大臣的面又問他：「你說太陽和長安哪個離你較近？」

「太陽離我近。」小晉明帝忽然改變了答案。

晉明帝的父親感到驚奇，便問他說：「你為什麼和昨天說的不一樣呢？」

你知道他是怎麼回答的嗎？

305. 子非魚，安知魚之樂

《莊子》外篇〈秋水〉中記載著莊子與惠子在濠水的橋梁上觀魚時的一段對話。

莊子曰：「儵魚出游從容，是魚之樂也。」

惠子曰：「子非魚，安知魚之樂？」

你知道莊子是怎麼回答的嗎？

306. 立等可取

一天上午，小李到一家國營鐘錶修理店修錶，師傅接過手錶看了看說：「下午來取。」

小李說：「為什麼還要下午取呢？店門外掛的牌子上不是寫著『立等可取』嗎？」你知道修錶師傅是如何辯解的嗎？

307. 狡詐的縣官

從前有一個縣官要買金條，店家遵命送來兩根金條。縣官問：「這兩根金條要多少錢？」

店家答：「縣太爺要買，小人只按半價出售。」

縣官收下一根，還給店家一根。

過了許多日子，他仍不還帳，店家便說：「請縣太爺賞給小人金條錢款。」

縣官裝作不解的樣子說：「不是早就給了你嗎？」

店家說：「小人從沒有拿到啊！」

你知道這個貪財的縣官是怎麼說的嗎？

308. 負債累累

某人負債累累，有一天他家裡來了許多討債的人，將所有椅子都坐滿了，有的還坐在門檻上。這個欠債的人急中生智，俯身在坐在門檻上的人的耳朵邊悄悄地說：「請你明天早點來。」

那人聽了十分高興，於是站起來把其他討債的人都勸說走了。第二天一大早，他就急急忙忙來到欠債人家裡，一心認為欠債者能單獨還債。豈知見面後欠債的人對他說了一句話，氣得他一句話也說不出來。

你知道他說了什麼？

309. 天機不可洩漏

從前，有三個秀才進京趕考，途中遇到一個人稱「活神仙」的算命先生，便前去求教：「我們當中能考中幾個？」

算命先生閉上眼睛掐算了一會兒，然後豎起一根指頭。

三個秀才不明白是什麼意思，請求說清楚一點。

算命先生說：「天機不可洩漏，以後你們自會明白。」

後來三個秀才只考中了一個，那人特來酬謝，一見面就誇獎說：「先生料事如神，果然名不虛傳。」還學著當初算命先生那樣豎起一根指頭說：「確實『只中一個』。」

秀才走後，算命先生的老婆問他：「你怎麼算得這麼準呢？」

算命先生嘿嘿一笑說：「妳不懂其中的奧妙，無論結果如何我都能猜對。」

你知道這是為什麼？

310. 父在母先亡

一個迷信的人，請算命先生算一下自己的父母的享壽情況。算命先生照例先問了一遍來人及其父母的出生年月日，然後裝模作樣地屈指掐算了一會兒後回答：

「父在母先亡。」

這個人聽了以後沉思片刻，付錢而去。

為什麼求卜者對算命先生的話不懷疑反而還付錢而去呢？

311. 禁止抽菸

某工廠的一位主任看見工人王剛上班時在工廠裡抽菸，就批評他說：「廠裡有規定，工作時禁止抽菸！」

但是聰明的王剛馬上說了一句話，讓主任無話可說。

你知道王剛說了句什麼話？

312. 辯解

有個縣官剛剛上任，便在堂上高懸一副對聯：

得一文天誅地滅

徇一情男盜女娼

但是，實際上他卻貪贓枉法。有人指責他言行不一，忘記了誓聯。

你知道他是怎麼辯解的嗎？

斜向擴展訓練營

313. 修電燈

小王請一位做電工的朋友來家中修理電燈，可是等到了半夜還沒有人來。第二天，小王找到這位朋友。

小王說：「昨天不是說好了要來我家修電燈嗎？你怎麼沒來呢？」

朋友說：「我去了，可是你家沒人。」

小王說：「不可能，我一直在家等到半夜。」

朋友說：「怎麼會呢？我到你家門外一看，屋裡黑漆漆的，連燈都沒開，我就走了。」

你知道這到底是怎麼回事嗎？究竟是誰的問題呢？

314. 我被騙了嗎

在我小學的時候有件事情讓我困惑了很久，並讓我從此迷上了邏輯。那天一大早，我哥哥就跟我說：「弟弟，今天我要好好騙你一回，做好準備吧！哈哈。」

我從小就很好勝，所以那一整天我都提防著他，不想被他成功騙到。但是直到那天晚上要睡覺了，哥哥都沒有再和我說過一句話，更別說騙我了。媽媽看我還不睡，問我怎麼了？

我把早上的事情說了，媽媽就把哥哥叫來說：「你就別讓弟弟等著不睡覺了，趕快騙一下他吧！」

哥哥回過頭問我：「你一整天都在等著我騙你嗎？」

我說：「是啊！」

他說：「但我沒騙吧？」

我說：「是啊！」

他說：「這樣我已經騙到你了。」

那天晚上我在自己的床上翻來覆去想了很久，我到底有沒有被騙呢？

315. 被小孩子問倒了

上大學時，我去一位教授家拜訪。教授有兩個孫子，一個 6 歲，一個 8 歲。我經常為那兩個孩子講故事。

一次，我嚇唬他們說：「我會一句魔法咒語，能把你們全變成小貓哦！」

沒想到他們一點兒也不怕，反而很感興趣地說：「好啊，把我們變成小貓吧！」

我只好繼續哄騙道：「可是……變成小貓後就沒法變回來了。」

小的那個孩子還是不依不饒：「沒關係的，反正我要你把我們變成小貓。」

大的那個孩子說道：「那你把這句咒語教給我們吧！」

我回答：「如果我要告訴你們咒語是什麼，我就把它唸出聲了，那你們就變成小貓了。而且不光是你們兩個會變成小貓，所有聽到的人都會變成小貓，連我自己也不例外。」

小的那個孩子說：「那可以寫在紙上呀！」

我答道：「不行，不行，就算只是把咒語寫出來，看到的人也會變成小貓的。」

他們似乎信以為真，想了一會兒覺得沒意思了就去玩別的了。

如果你是這個孩子，你會怎麼反駁我呢？

316. 酒瓶

　　小趙、小錢、小孫、小李 4 個人是同學，他們常聚在一起討論問題。有一天 4 個人同桌吃飯，為了桌上的半瓶酒爭論起來。

　　小趙說：「這瓶子一半是空的。」

　　小錢說：「這瓶子一半是滿的。」

　　小孫說：「這有什麼好爭的，半空的酒瓶就等於半滿的酒瓶。」

　　你知道小李該如何詭辯，才能找出半空的酒瓶和半滿的酒瓶之間的區別嗎？

317. 自相矛盾

　　楚國有一個賣矛和盾的商人，他一會兒拿起盾來誇耀說：「我的盾堅固無比，任何鋒利的東西都穿不透它。」

　　一會兒又拿起矛來誇耀說：「我的矛鋒利極了，什麼堅固的東西都能刺穿。」

　　你知道該怎麼反駁他嗎？

318. 打破預言

一天，一位預言家和他的女兒發生了爭吵。女兒大聲說道：「你是一個大騙子，你根本不能預言未來。」

預言家爭論道：「我當然能預言未來，不信我現在就可以證明給你看。」

女兒想了一下，在一張紙上寫了一些字，然後把這張紙折起來壓在一本書下面，說道：「我剛才在那張紙上寫了一件事，它在十分鐘內可能發生，也可能不發生。請你預言一下這件事究竟會不會發生，在這張卡片上寫下『會』或『不會』。如果你預言錯了，你明天要帶我去吃冰淇淋好嗎？」

預言家一口答應：「好，一言為定。」然後他在卡片上寫下了他的預言。

如果你是這個女兒，你該寫什麼問題使自己獲勝呢？

319. 聰明的禪師

佛教《金剛經》中最後有四句話：「一切有為法，如夢幻泡影，如露亦如電，應作如是觀。」

有一天，佛印禪師登壇說法，蘇東坡聞訊趕來參加，座中已經坐滿聽眾，沒有空位了。禪師看到蘇東坡時說：「人都坐滿了，此間已無學士坐處。」

蘇東坡一向好禪，馬上針鋒相對回答禪師說：「既然此間無坐處，我就以禪師四大五蘊之身為座。」

禪師看到蘇東坡與他論禪，就說：「學士，我有一個問題問你，如果你回答得出來，那麼我老和尚的身體就當你的座位；如果你回答不出來，那麼你身上的玉帶就要留給本寺作為紀念。」

蘇東坡一向自命不凡，以為必勝無疑，便答應了。

接著，禪師說了一句話，問得蘇東坡啞口無言，只好把玉帶留在了金山寺。

你知道禪師問的是什麼問題嗎？

320. 錦囊妙計

劉翔從鄉下到臺北求職，雖然自認為很聰明，但是找了幾個地方，都嫌他學歷不夠，不肯錄用他。在臺北待了沒幾天，錢都花光了，已有兩頓飯沒吃了。他聽人說有個餐廳老闆很愛邏輯學，就想去碰碰運氣。到了餐廳的時候，正好遇上老闆閒來無事。

劉翔對老闆說：「我想問你兩個問題，你只能回答『是』或者『不是』，不能用其他的話回答。但在正式提問以前，我要跟你先講好，你一定要聽清楚之後再鄭重回答，而且兩個問題的答案都必須在邏輯上是完全合理的，不能自相矛盾。」

老闆好奇地看著劉翔，劉翔接著說：「如果你同意我的條件，我問完這兩個問題，你會心甘情願地請我吃頓飯的。」

聽完劉翔的話，老闆的興趣更大了，就答應了他的要求。

結果，不但老闆心甘情願地請劉翔吃了頓飯，而且還讓他在自己的店裡工作。你知道劉翔的兩個問題是什麼嗎？

321. 吹牛

有一群人在聊天，其中一個人總是喜歡吹牛，他說：「我昨天剛發明了一種液體，無論是什麼東西，它都可以溶解。這是世界上最好的溶劑，明天就要去申請專利，我很快就要發財了。」大家都感到很驚訝，雖然不信，但是不知道如何反駁。這時一個小孩子說了一句話，那個人立刻傻眼了，謊言不攻自破。你知道小孩是怎麼說的嗎？

322. 遺傳性不孕症

有個病人到一家新開的診所就診。

病人：「醫生，我結婚 10 年了，到現在還沒有孩子。」

醫生：「據我診斷，妳應該是遺傳性不孕症，妳最好查一下妳的家譜。」

請問：醫生的結論事實上可能存在嗎？

答案

294. 蘇格拉底悖論

這是一個悖論，我們無法從這句話中推論出蘇格拉底是否對這件事本身也不知道。

古代中國也有一個類似的例子：「言盡悖」。

這是《莊子·齊物論》裡莊子說的。後期墨家反駁道：如果「言盡悖」，莊子的這個言論難道就不悖嗎？我們常說：「世界上沒有絕對的真理。」我們不知道這句話本身算不算是「絕對的真理」。

295. 穀堆悖論

從真實的前提出發，用可以接受的佐證推理，但結論則是明顯錯誤的，它說明定義「堆」缺少明確的邊界。它不同於三段論式的多前提推理，在一個前提的連續累積中形成悖論。從沒有堆到有堆中間沒有一個明確的界限，解決它的辦法就是引進一個模糊的「類」。

最初它是一個遊戲：你可以把 1 粒穀子說成一堆嗎？不能；你可以把 2 粒穀子說成一堆嗎？不能；你可以把 3 粒穀子說成一堆嗎？不能。但是你遲早會承認一個穀堆的存在，你從哪裡區分它們呢？

它的邏輯結構如下：

1 粒穀子不是一堆。

如果 1 粒穀子不是一堆，那麼，2 粒穀子也不是一堆。

如果 2 粒穀子不是一堆，那麼，3 粒穀子也不是一堆。

……

如果 99, 999 粒穀子不是一堆，那麼，100, 000 粒穀子也不是一堆。

因此，100, 000 粒穀子不是一堆。

按照這個結構，無堆與有堆、貧與富、小與大、少與多都曾是古希臘人爭論的話題。

296. 全能者悖論

這是一個流傳很廣的悖論。如果說能，上帝遇到一塊「他舉不起來的大石頭」，說明他不是萬能；如果說不能，同樣說明他不是萬能。這是用結論來責難前提。

這個「全能者悖論」的另一種表達方法是：「全能的創造者可以創造出比他更了不起的事物嗎？」

類似的還有：

「永享幸福與有一塊麵包相比，哪個好？」

你可能會選永享幸福，其實不然。畢竟，沒有東西比永享幸福更好的吧！但有一塊麵包總比沒有東西好吧？所以說，有一塊麵包要比永享幸福好。

297. 羅素是教皇

他立即寫出了下面這個證明：

(1) 假設 $2 + 2 = 5$。

(2) 由等式兩側減去 2，得出 $2 = 3$。

(3) 易位後得出 $3 = 2$。

(4) 由兩側減去 1，得出 $2 = 1$。

於是，教皇與我是兩人。既然 2 也等於 1，教皇與我是一人，因此我是教皇。

298. 奇怪的悖論

這三句話本來都沒什麼問題，可是如果把它們組合起來，我們就得到一個很奇怪的結論：花朵是完美的，「我」比花朵更高級，但「我」又什麼也不是。

我想我們的潛意識裡幾乎都會存在類似這樣的一個奇怪的悖論。演繹推理的前提必須是在相同的背景下假設出來的，不同的前提是不能放在一起的。

所以，演繹推理一定要弄清楚前提，否則就可能推理出錯誤的結論，甚至會鬧出笑話。

299. 飛矢不動

把芝諾的話精簡一下就是：從弓射出去的箭在任何一個時刻裡都有一個確定的位置，所以在這個位置上它是靜止的，而這支箭在所有的時刻裡都是靜止的，所以箭是不運動的。

這個結論初看起來似乎很有道理，但顯然嚴重違背了我們觀察到的現實。那麼芝諾的這一套邏輯究竟錯在了哪裡呢？

錯就錯在他錯誤地使用了排中律。他認為箭在每一個時刻都不是「動態」的，根據排中律，箭在每個時刻就都是「靜止」的。但實際上，「動態」和「靜止」本來就是和時間有關的概念，脫離了時間流動單看某個時刻，這兩個概念就沒有意義了，或者至少就和原本的意義不一樣了，因此，箭在任何時刻都「靜止」並不妨礙它在一段連續的時間裡是運動的。

排中律的運用非常廣泛，比如我們在論證過程中經常用的「反證法」、「列舉法」等。特別是那些「邏輯思考測驗題」，都或多或少地運用到了排中律。

300. 白馬非馬

實際上問題出在對「是」這個概念的定義上。在生活中，「A 是 B」有兩種解釋。

（1）A 等同於 B。

（2）A 屬於 B。

當我們說「白馬是馬」、「橘子是水果」的時候，實際用的是第二種解釋，即「白馬屬於馬」

「橘子屬於水果」。而公孫龍則巧妙地把這裡的「是」偷換成第一種解釋，再論證「白馬」和「馬」並不等同，所以這是利用日常語言的侷限而進行的詭辯。

301. 正直的強盜

推理一下：如果強盜把商人殺了，他的話無疑是對的，應該放人；如果放人，商人的話就是錯的，應該殺掉，又回到前面的推理，這是一個悖論。聰明的商人找到的答案使強盜的前提互不相容。

302. 機靈的小孩

小孩說：「你欠了我 10 個銅板。」如果無賴的回答是相信，他要給小孩 10 個銅板，還不如回答不相信而賠 5 個銅板划算。

303. 希臘老師的辯術

學生脫口而出：「那還用說，當然是那個髒的人先洗。」希臘老師搖搖頭：「不對，是乾淨的人去洗，因為他養成了愛清潔的習慣，而髒的人卻不當回事，根本不想洗。你們再想想看，是誰洗澡了呢？」學生忙改口：「愛乾淨的人！」「不對，是髒的人，因為他需要洗澡。」老師反駁後再次問學生，「這麼看來，誰洗澡了呢？」「髒的人！」學生只好又改回開始的答案。「又錯了，當然是兩個都洗了。」老師說，「愛乾淨的人有洗澡的習慣，髒的人有洗澡的必要，怎麼樣，到底誰洗了呢？」學生眨著眼睛，猶豫不決地說：「那看來就是兩人都洗了。」「又錯了！」希臘老師笑著回答：「兩個都沒有洗。因為髒的人不愛洗澡，而乾淨人不需要洗澡。」

學生問：「那……老師你好像每次說得都有道理，可每次的答案都不一樣，我們該怎樣理解呢？」老師回答：「這很簡單，你們看，這就是詭辯。」

304. 日近長安遠

兒子回答：「為什麼說太陽離我近呢？因為我抬頭能看見太陽，卻看不見長安呢！」

群臣聽了，都趨炎附勢地誇他說得有道理。

305. 子非魚，安知魚之樂

莊子反問道：「子非我，安知我不知魚之樂？」

惠子和莊子關於是否知道游魚快樂的問答都帶有詭辯的性質。首先，作為正確的提問，惠子應對莊子說他怎麼知道魚過得很快樂呢？但惠子卻又加上了一個前提：莊子不是魚，怎麼能知道魚快樂呢？這就構成了一

個省略推理，省略的大前提是：凡是魚以外的事物，都無法知道魚是否快樂。

其次，作為正確的回答，莊子應當說明自己為什麼知道魚快樂的理由。莊子避開了正面回答，而是抓住了惠子的「子非魚，安知魚之樂」這句話，反問惠子不是莊子本人，怎麼知道莊子不知道魚的快樂呢？這個反問也構成了一個省略推理，省略的大前提是：凡不是我的人，都無法知道我知道魚的快樂。

306. 立等可取

修錶師傅不耐煩地說：「你站著等到下午取貨，也是『立等可取』！」

在日常用語中，「立等可取」表示時間快或時間短，它表達了這樣一個眾所周知的判斷：「你稍等一會兒即可取走。」而這位修錶師傅卻故意把它歪曲為「你只要一直站著等下去，就可以取走」。經過這樣的歪曲，不僅是等到下午，而且等到任何時間，只要能拿到手錶，都是「立等可取」。

307. 狡詐的縣官

縣官拍案大怒道：「大膽刁民，本官要你兩條金條，你說只收半價，我已把一條還給了你，就折合那一半的價錢了，本官何曾欠過你！」

308. 負債累累

他說：「昨天讓你坐門檻，甚是不安，今天提早來了，可先占把椅子。」

這時，那討債的人才發現欠債的人毫無還債之意，意識到自己上

了當。

「你明天早點來」這句話，其字面上的含義是清楚的。但是，由於欠債的人故意製造了一個特殊的語言環境，即背著其他討債的人偷偷地對坐在門檻的人說這句話，這就引導對方產生誤解：認為欠債的人沒有那麼多的錢一下子還清所有的債，而是暗示要先還欠自己的債。果然，這個討債的人中了詭計。

309. 天機不可洩漏

豎起一根指頭，可以做出多種解釋：如果三人都考中，那就是「一律考中」；要是都沒有考中，那就是「一律落榜」；要是考中一人，那就是「一個考中」；要是考中兩人，那就是「一人落榜」。不管事實上是哪種情況，都能證明他算的是對的。

310. 父在母先亡

這是因為「父在母先亡」這句話有歧義，人們對它可以有不同的理解，或者說它可以表達不同的判斷：① 父親尚在，母親已經去世；② 父親先母親而亡，即母親尚在，父親已經去世。而且這兩種解釋不僅適用於現在，也適用於過去和將來。如果求卜者的父母實際上都已去世，那麼算命先生會說，我說的是過去的事；如果求卜者的父母都還健在，則算命先生會說，我說的是將來的事；如果求卜者當前父在母不在或者母在父不在，那麼算命先生也會做出解釋。總之，不管是什麼情況，求卜者都會覺得算命先生的話是對的。實際上，算命先生是故意玩弄歧義句的詭辯來騙人。

311. 禁止抽菸

王剛漫不經心地回答說：「當然知道，我現在沒有在工作啊！」

312. 辯解

縣官辯解道：「我沒有違背誓言啊，因為我得到的不是一文錢，受賄徇情也不是一次啊！」那副誓聯的原意是：如果我貪汙一文錢就要天誅地滅，如果我徇一次私情也會男盜女娼。這兩個判斷分別蘊含著：如果貪汙多於一文錢就更是天誅地滅，如果多次徇私就更是男盜女娼。而這位縣官卻把誓聯曲解為：只有貪汙一文錢才天誅地滅，只有徇一次私情才男盜女娼。這是故意地偷換了命題，以此為自己的貪汙受賄的醜行辯護。

313. 修電燈

因為小王家的燈壞了，才叫朋友來修的。朋友不該看到屋子裡黑漆漆的（因為無法開燈），就判斷家中沒有人。

314. 我被騙了嗎

如果我沒有被騙，那麼我一整天都因為哥哥早上的話而在空等，也就是被哥哥騙了；如果我被騙了，那我明明就等到了我所等的事，又怎麼能說我被騙了呢？這樣，我那天到底是被騙了還是沒有被騙呢？

你有更好的解釋嗎？我到底有沒有被騙？

315. 被小孩子問倒了

大約過了一個月，我又去拜訪那位教授。有個孩子一見到我就問：

「大哥哥，有件事我老是想不通，想問問你。」

我說：「什麼事啊？」

他說：「上次你說的那句咒語，當初你是怎麼學會的啊？」

316. 酒瓶

小李說：「不對。如果『半空的酒瓶等於半滿的酒瓶』這個等式能夠成立，那麼我們把等式兩邊都乘以2：半空的瓶乘以2，等於兩個半空的瓶，而兩個半空的瓶就是一個空瓶；半滿的瓶乘以2，等於兩個半滿的瓶，而兩個半滿的瓶就是一個裝滿酒的瓶。這樣，豈不是一個空酒瓶等於一個裝滿酒的酒瓶嗎？」

317. 自相矛盾

這時旁邊有人問他：「用你的矛刺你的盾，結果會怎樣呢？」這個賣矛和盾的人瞬間啞口無言。

318. 打破預言

女兒只需在紙條上寫：「我爸爸會在卡片上寫下『不會』兩字。」即可獲勝。

因為如果預言家在卡片上寫的是「會」，他就預言錯了，在卡片上寫「不會」兩字這件事並沒有發生。

但如果他在卡片上寫的是「不會」呢？說明他的預言錯了。因為寫「不會」就表示他預言卡片上的事不會發生，但它恰好發生了：他寫的就是「不會」兩字。

319. 聰明的禪師

佛印禪師就說：「四大本空，五蘊非有，請問學士要坐哪裡呢？」

禪者認為我們的色身（佛教用語，一般人叫身體）是由地、水、火、風四大假合（佛教用語）構成，沒有一樣實在，不能安坐，因此蘇東坡的玉帶輸給了佛印禪師，至今仍留存於金山寺。

320. 錦囊妙計

第一個問題是：如果下一個問題是你願意或不願意請我吃頓飯，你的答案是否和這個問題一樣？第二個問題是：你是否願意請我吃頓飯？

如果老闆的第一個問題的答案是「是」，那第二個問題劉翔必須回答「是」，他就能免費吃到飯了。

如果老闆的第一個問題答「不是」，那第二個問題劉翔還是必須回答「是」。所以劉翔都能免費吃一頓。

321. 吹牛

小孩說：「那麼，你用什麼去裝這種液體呢？」

322. 遺傳性不孕症

不可能，因為不孕症是不可能遺傳的，否則他是從哪裡來的呢？

邏輯鬼才！活化大腦的 322 項思維訓練：
察覺端倪 × 偵測謊言 × 瓦解局中局 × 抓出藏鏡人，從少量的線索中，獲得最大的資訊量！

編　　著：于雷

發 行 人：黃振庭

出 版 者：崧燁文化事業有限公司

發 行 者：崧燁文化事業有限公司

E－mail：sonbookservice@gmail.com

粉 絲 頁：https://www.facebook.com/
　　　　　sonbookss/

網　　址：https://sonbook.net/

地　　址：台北市中正區重慶南路一段六十一號八
　　　　　樓 815 室

Rm. 815, 8F., No.61, Sec. 1, Chongqing S. Rd.,
Zhongzheng Dist., Taipei City 100, Taiwan

電　　話：(02)2370－3310

傳　　真：(02)2388－1990

印　　刷：京峯數位服務有限公司

律師顧問：廣華律師事務所 張珮琦律師

─版權聲明─

定　　價：499 元

發行日期：2023 年 10 月第一版

◎本書以 POD 印製

國家圖書館出版品預行編目資料

邏輯鬼才！活化大腦的 322 項思維訓練：察覺端倪 × 偵測謊言 × 瓦解局中局 × 抓出藏鏡人，從少量的線索中，獲得最大的資訊量！ / 于雷 編著 . －－ 第一版 . －－ 臺北市：崧燁文化事業有限公司，2023. 10

面；　公分

POD 版

ISBN 978－626－357－709－1(平裝)

1.CST: 邏輯 2.CST: 思維方法

176.4　112015523

電子書購買

臉書

爽讀 APP